Сброс эмоциональных шаблонов с использованием эфирных масел

Издатель: VisionWare Press
P.O. Box 8112
Rancho Santa Fe, CA 92067 (США)

Упоминаемые в данной книге названия эфирных масел являются товарными знаками компании Young Living Essential Oils. За дополнительной информацией обращайтесь к дистрибьютору Young Living.

Первое издание, июль 1998 г.
Исправленное издание, август 1999 г.
Третье издание, октябрь 2000 г.
Четвёртое издание, январь 2002 г.
Пятое издание, январь 2004 г.
Шестое издание, март 2005 г.
Седьмое издание, январь 2007 г.
Восьмое издание, август 2008 г.
Девятое издание, январь 2011 г.
Десятое издание, май 2012 г.
Одиннадцатое издание, январь 2014 г.
Двенадцатое издание, январь 2015 г.
Тринадцатое издание, январь 2017 г.
Четырнадцатое издание, февраль 2018 г.
Пятнадцатое издание, апрель 2019 г.
Шестнадцатое издание, март 2020 г.

Отпечатано в США

© 1998 Кэролин Л. Мейн, доктор хиропрактики

ISBN 979-8-9900947-3-4

Иллюстрации — Ричард Ален (Richard Alan)

ПОСВЯЩЕНИЕ

Я посвящаю эту книгу всем, кто ищет дополнительные способы применения эфирных масел для эмоционального исцеления.

ПОИСК МАСЕЛ — В ЛЮБОЕ ВРЕМЯ И В ЛЮБОЙ ТОЧКЕ МИРА

Теперь вы можете легко узнать, как сбросить эмоцию с помощью эфирного масла, с помощью приложения для планшета, смартфона или компьютера.

Просто введите название эмоции, которую вы испытываете, масла, к которому вас влечёт, или точку тела или активную точку, которая даёт вам сигналы.

На экране отобразится вся процедура сброса со схемами точек тела и активных точек.

Попробуйте: BodyType.com/Releasing

СОДЕРЖАНИЕ

ПРЕДИСЛОВИЕ

Много лет тому назад я услышала, что самый быстрый путь к самореализации и духовной целостности — это служение другим людям, а в особенности работа доктора. Став хиропрактиком, я вновь и вновь убеждалась в истинности этого высказывания, всё лучше познавая себя и видя, как познают себя мои пациенты. Болезнь показывает нам реальное положение дел в нашей жизни, заставляя уважать себя и брать на себя ответственность за свои мысли и поступки. Точно так же и исцеление, неважно, собственное или другого человека, приносит ценные открытия и озарения.

Болезнь, которая несомненно вынуждает нас переоценить все аспекты нашей жизни — это рак. Я давно интересовалась профилактикой и лечением рака — мой отец умер от него в год окончания мной колледжа хиропрактики. Ему было всего лишь 45. Именно мой интерес к раннему выявлению и лечению рака привёл меня к знакомству с доктором Доналдом Гэри Янгом — тогда у него были клиники в Калифорнии и Мексике. Я была впечатлена его исследованиями, его преданностью делу и искренностью. Вполне естественно, что со временем он сосредоточился именно на профилактике рака и открыл для широкой общественности целебные свойства эфирных масел и способы их применения.

Зная, что на любой вопрос должен существовать ответ, я начала искать самые действенные способы исцеления и сохранения здоровья. Поиски привели меня в мир акупунктуры, нутрициологии, прикладной кинезиологии и других видов медицины и, в конечном итоге, к развитию нового направления — межличностной физиологии. Пытаясь проанализировать пищевые предпочтения моих пациентов, я открыла, что организм регулируется или управляется доминантной железой, органом или системой. Это объясняет тот факт, что люди по-разному набирают вес, имеют разные особенности строения и очевидные различия в пристрастиях к еде. В общем насчитывается 25 разных типов телосложения. У их представителей не только разные потребности в еде, но и разные психотипы, что выражается в чертах характера и мотивах поведения. Система «25 типов телосложения» — это своего рода мост между высшей целью достижения безусловной любви и духовной целостности и повседневной реальностью. Наше тело хранит всю историю нашей жизни и даёт нам сигналы. Научившись прислушиваться к ним, мы обретём надёжного советника. Идеально начать с наблюдения за реакцией организма на разные продукты и на изменение душевного состояния. Определив свой физиологический профиль, вы лучше поймёте свою мотивацию, осознаете свои уникальные дары и обретёте высокую самооценку.

Хотя мотивации поведения и доминирующие черты характера у всех людей разные, мы все испытываем полную гамму эмоций. Именно межличностная физиология помогла мне определить частоту вибраций физических состояний и эмоциональных шаблонов. Нарушения в теле можно исправить, балансируя энергию с помощью акупунктурных точек. Это было основой моей практики сброса физиологического аспекта эмоциональных шаблонов. Использование эфирных масел выводит эту практику в новое измерение, обеспечивая доступ к лимбической системе мозга. Одна из моих пациенток, Линда Лалл, обнаружила, что, воздействуя на активные точки органов с использованием эмоций и связанных с ними масел, она приобретает душевное равновесие и гармонию. Благодаря тому, что она получила этот опыт и поделилась им с другими, включая доктора Терри Фридмана, вы держите в руках эту книгу, цель которой — научить вас использовать эфирные масла для работы с эмоциями.

Кэролин Л. Мейн, доктор хиропрактики

БЛАГОДАРНОСТИ

Я благодарю всех, кто внёс свой вклад в новое издание книги *«Сброс эмоциональных шаблонов с помощью эфирных масел»*, моих студентов, коллег и пациентов, за вопросы, интересные мысли и предложения.

Спасибо читателям первого и всех последующих изданий этой книги за участие и обратную связь. Спасибо Кейли Гракс за выявление связанных с главной темой проблем управления и Фоне Кристиансон за определение дополнительных эмоций. Я благодарю Сонму Селена за глоссарий дополнительных определений глубинных эмоций, Кэти Фармер за дополнения и процедуру сброса, Сюзан Ульфельдер за исследования и вклад в разработку альтернативного метода сброса, Конни и Алана Хайли за схему нанесения масел на мочку уха. Я очень признательна доктору натуропатии Гэри Янгу за составление смесей эфирных масел и их превосходное качество, за метод очищения письмом и за постоянную поддержку.

Также благодарю Дженни Келлер за набор и вёрстку книги, Крейга Риджли за помощь с компьютером, Фрэнсиса Бишетти за постоянную поддержку и свежие новости и Надин Мейн за редактирование.

Эмоциональная очистка

СБРОС ЭМОЦИОНАЛЬНЫХ ШАБЛОНОВ С ПОМОЩЬЮ ЭФИРНЫХ МАСЕЛ

Ваши эмоции управляют вами?

Вам сложно преодолевать негативные эмоции?

Окружающие затягивают вас в свой эмоциональный вихрь?

Некоторые ситуации всякий раз вызывают у вас одни и те же негативные эмоции, несмотря на все попытки реагировать иначе?

Вы не можете совладать с отрицательными эмоциями?

Эмоции похожи на волны — они могут внезапно нахлынуть на нас и так же внезапно исчезнуть. Эмоции — это мощный импульс к действию. Большинство из нас осознаёт негативную сторону эмоций. Однако осознать позитивную их сторону, не говоря уже о том, чтобы работать с ней, гораздо сложнее. Например, все мы испытывали гнев, но что является его позитивной противоположностью? И на неё переключиться, особенно когда внутри все закипает от ярости? Выражение негативной стороны эмоции обычно причиняет боль, и поэтому мы развиваем защитные реакции. Одна из самых распространенных таких реакций — это игнорировать, сдерживать или подавлять отрицательные эмоции. Что происходит, когда мы подавляем негативные эмоции? Они остаются в нашем теле и причиняют нам физическую или эмоциональную боль.

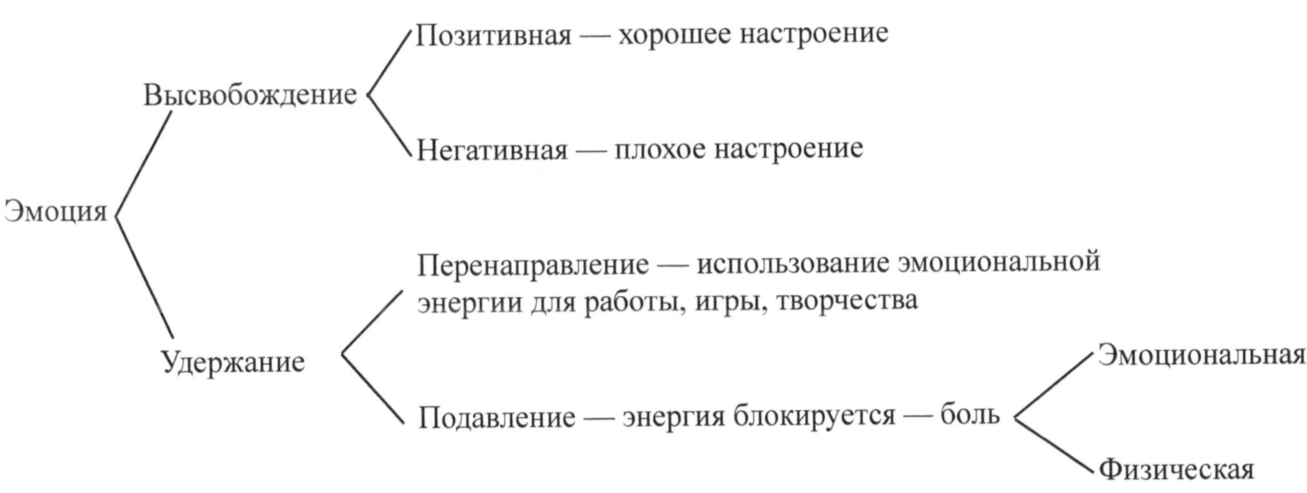

У эмоций есть отрицательная и положительная полярности. Чтобы жить полной жизнью, нужно уметь получать доступ к обоим полюсам всех наших эмоций. Уход от ситуаций, которые могут причинить эмоциональную боль, делает жизнь неполноценной.

Если удержание негативных эмоций плохо влияет на организм, то что происходит, когда эти эмоции высвобождаются? Хотя поначалу вам может стать легче, при выражении негативных эмоций обычно наступают нежелательные последствия.

Альтернатива негативной реакции — это выразить позитивную сторону эмоции. Выглядит вполне жизнеспособно; давайте возьмём в качестве примера такую распространенную эмоцию, как гнев. Нам всем хорошо известно, как мы себя чувствуем, когда злимся, и что значит быть мишенью гнева другого человека. Если мы решили выразить положительную — обратную — сторону гнева, то какой она будет? Радость, счастье, любовь, мир? Хотя все это позитивные эмоции, есть ли среди них прямая противоположность гневу?

Чтобы найти позитивное выражение энергии, известной как гнев, нам нужно понять её суть и причины, которые рождают её. Предположим, вы стремитесь к достижению цели. Вы набираете обороты, всё идёт хорошо, и вдруг появляется препятствие. У вас есть варианты: перепрыгнуть его, пролезть под ним, обойти его или идти напролом. Если вы не знаете, что выбрать, то скорее всего, остановитесь, чтобы принять верное решение, а энергия в это время будет скапливаться. Когда давление достигнет определённого уровня, энергия должна будет найти выход. Негативное выражение такой энергии — это гнев.

Однако гнев не всегда имеет отрицательное влияние. Он может дать толчок к изменению нездоровой ситуации или помочь осознать проблему и найти её решение. Как бы то ни было, гнев — это выброс энергии, который привлекает внимание. А что можно назвать позитивным взрывом энергии? Смех! И что бы вы теперь предпочли — гнев или смех?

Стоп. А если вокруг позитивной эмоции у вас скопилось много негативной энергии? Быть может, вам говорили, что ваш смех неуместен, или над вами смеялись в детстве? В этом случае вам будет сложно спонтанно засмеяться. Чтобы получить доступ к смеху, вам нужно высвободить заблокированные эмоции, связанные как со смехом, так и с гневом.

Когда вам удастся прочувствовать обе стороны эмоции, вы сможете в полной мере испытать её. Теперь перед вами встает другой выбор: сдержать эмоцию или высвободить её? Позитивное высвобождение эмоции поднимет настроение вам и окружающим. Если сдержать положительную эмоцию, вы сможете использовать её энергию для созидания — в работе или в игре.

Аспекты сброса эмоциональных шаблонов

Чтобы изменить эмоциональный шаблон, недостаточно просто прочувствовать обе стороны эмоции. Необходимо распознать и понять шаблон, который вызывает эмоцию — мыслительный аспект. Необходимо понять, что эта ситуация призвана сообщить вам, и усвоить урок — духовный аспект. Чтобы изменить приобретённые в течение жизни условные рефлексы, потребуется обратиться к клеточной памяти, хранящейся в нашем физическом теле.

Решение изменить шаблон станет первым шагом, но одного этого шага недостаточно для изменения глубоко укоренившихся поведенческих рефлексов. Для распознания шаблона необходимо понять его и точно определить его тип. Как только вы сможете распознать эмоциональный шаблон, такой как гнев, вы сможете решить, что вы хотели бы испытать — гнев или смех. Допустим, вы хотите смеяться, но не можете преодолеть злость. Зная, что гнев — это реакция на препятствия, возникающие на вашем пути, вы понимаете, что нужно посмотреть на ситуацию под другим углом, и это поможет найти выход из неё или другое направление движения. Самый высокий аспект изменения шаблона — духовный, который позволит понять, чему хочет научить вас или что хочет сообщить

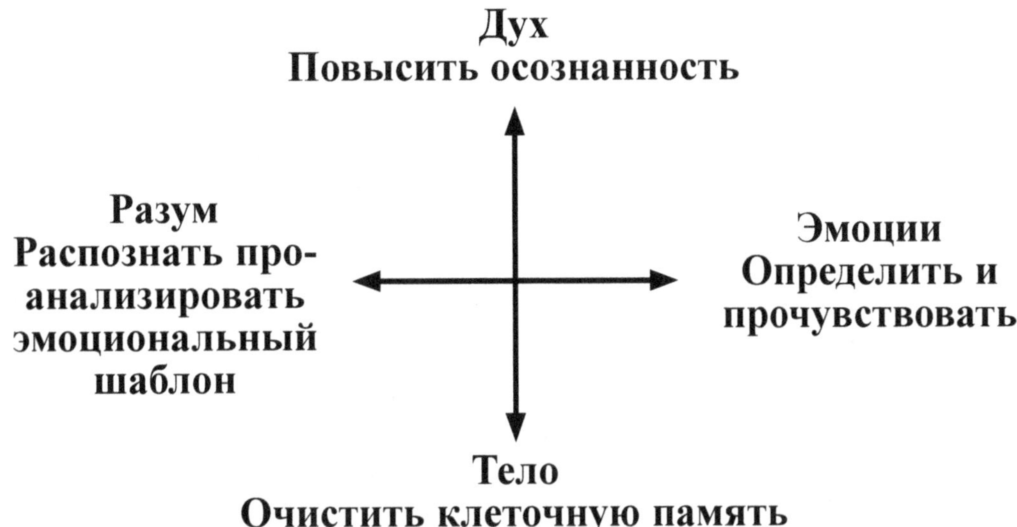

Для эффективного сброса эмоциональных шаблонов нужен доступ ко всем четырём областям

вам ситуация, и найти выход. «Выход» из состояния гнева — это изменение подхода к ситуации. Изменить подход поможет установка «я знаю, куда идти». Приобретённые условные рефлексы имеют физическую составляющую. Это означает, что эмоция хранится в клетках тела. Из традиционной теории акупунктуры мы знаем, что гнев сохраняется в печени. Воздействовать на печень, как и на другие железы и органы, можно посредством биологически активных точек на теле.

Эфирные масла для сброса или изменения эмоциональных паттернов

Вы когда-нибудь замечали, как запахи — например, свежеиспечённого хлеба — воскрешают детские воспоминания и чувства, связанные с вашей любимой бабушкой? Запах воздействует на лимбическую систему мозга — место сосредоточения эмоций[1]. Древние египтяне использовали эфирные масла для сброса определённых эмоций и записывали ход такого лечения и его результаты на стенах палат храмов.

Сесквитерпены, которые в большом количестве содержатся в эфирных маслах, например ладанное и сандаловом, повышают уровень кислорода в лимбической системе мозга. Он, в свою очередь, «разблокирует» ДНК и освобождает клеточную память от эмоционального груза. Было установлено, что эмоции записываются в ДНК и передаются из поколения в поколение, а также то, что эмоциональные поведенческие шаблоны закрепляются в пределах отдельной семьи. Пациенты, перенёсшие пересадку органов, сообщают о странных воспоминаниях и желаниях, что служит ещё более убедительным доказательством того, что эмоции хранятся в теле закодированными в ДНК[2]. Недавние исследования Нью-Йоркского университета показали, что миндалевидные тела (две железы в лимбической системе мозга, которые хранят и высвобождают информацию о перенесённых

---

[1] *Molecules of Emotion,* Candace B. Peri, Ph.D

[2] *The Heart Code,* Paul P. Pearsall

эмоциональных и физических травмах) позволяют ослабить эмоциональные травмы ТОЛЬКО воспринимая запахи и не реагируют на сигналы от органов осязания, зрения и слуха[3].

Сами эмоции хранятся в органах, железах и системах тела. Чувства попадают в организм через чакры — энергетические центры, расположенные вдоль срединной линии тела, — а затем поступают в систему меридианов, энергетических каналов, проходящих через все тело. У каждого органа есть своя частота вибраций. Она есть и у эмоций, которые «оседают» в области тела с соответствующей им частотой. Болезнь развивается тогда, когда частота вибраций тела опускается ниже определенного уровня. Эфирные масла, в особенности масла терапевтического класса (медицинского качества), способны повышать частоту вибраций тела, поскольку сами вибрируют на высокой частоте и передают её организму.

Эфирные масла используются для лечения на протяжении множества веков. В Библии, например, можно найти 188(!) упоминаний эфирных масел. Например, масла *ладана, мирры, иссопа, розмарина* и *нарда* использовались в библейские времена для помазания и исцеления больных. Акупунктура, один из древнейших методов исцеления, использует для диагностики заболеваний эмоции, которые хранятся в связанных с ними органах.

Причина возникновения эмоциональных шаблонов

Эмоциональный шаблон — это реакция, обусловленная инстинктом самосохранения и вызванная страхом. Наше эго всегда стремится защитить нас — это его предназначение. Подобно большому компьютеру, эго собирает и записывает абсолютно все данные нашего жизненного опыта. Его защитные реакции опираются на прошлый опыт, и поэтому, если не поменять программу, человек реагирует на одни и те же раздражители одинаково. По мере взросления и роста нам нужно корректировать программу эго, чтобы раскрыть весь свой потенциал.

Допустим, в раннем детстве вам запрещали переходить дорогу. Когда вы стали чуть старше и уже могли отвечать за свои поступки, вас научили смотреть по сторонам и переходить дорогу, если вокруг нет машин. Если бы вы остались в рамках начальной программы «дорога опасна, на неё нельзя выходить», вы боялись бы перейти улицу и никогда не открыли для себя мир за пределами вашего квартала.

В детстве мы принимаем важные решения, учитывая свои способности. Если вы росли с родителями, которые могли наказать вас, если вы говорили что-то, что им не нравилось, то, скорее всего, вы быстро научились не выражать свои чувства, чтобы не злить родителей. Это могло развить в вас шаблон самосохранения: не говорить правду, когда окружающим может это не понравиться.

Вам приходилось контролировать свои эмоции ради безопасности, а поскольку спонтанно выражать чувства было небезопасно, вам приходилось либо подавлять их и загонять внутрь, либо искать для них другой выход. В детстве наши ресурсы ограничены, особенно когда люди, с которых мы берем пример, плохо справляются с собственными отрицательными эмоциями. В результате многие из нас хорошо знакомы с негативным выражением различных эмоций, но мало кто знает их позитивную сторону, а уж тем более понимает, как получить к ней доступ.

Обычно именно боль побуждает нас искать лучшие способы выхода из разных ситуаций. Как правило, боль вызывается телесными или эмоциональными травмами. Вместе с болью травма инициирует эмоциональный шаблон, появление которого приводит к следующему:

---

[3] *Unlocking Emotions with Essential Oils,* Kathy Farmer

1. Эмоциональная энергия, генерируемая во время травмы, проникает в тело и, если не высвобождается, сохраняется в органе (или железе), имеющем такую же вибрационную энергию. Например, гнев скапливается в печени.

2. Память о травме сохраняется в лимбической системе мозга, которая является хранилищем эмоций.

3. Разум создаёт убеждение и привязывает его к эмоциональной памяти, хранящейся в лимбической системе.

4. Эмоциональная реакция на травму сохраняется в клеточной памяти по всему телу и становится автоматической.

Выявление эмоциональных шаблонов

Выявить эмоциональные шаблоны легче всего с помощью чувств. Травма, реальная или мнимая, создаёт первоначальный шаблон. Похожие на неё ситуации приводят к воспроизведению шаблона, предоставляя возможность либо закрепить его, либо избавиться от него.

Все, что беспокоит вас, несет в себе эмоциональный заряд. По мере роста осознанности у вас появляется больше возможностей, чтобы иначе реагировать на ситуацию, извлекая уроки из собственного опыта. Если вы решаете игнорировать и подавлять чувства, проблема с каждым разом становится всё сильнее.

Мы живём для того, чтобы получать опыт, учиться, расти над собой и преодолевать трудности. Лучше всего мы учимся на том, что привлекает наше внимание. Только боль заставляет большинство из нас анализировать ситуацию. Однако слишком часто эмоциональная травма причиняет больше боли, чем мы можем перенести, и поэтому мы вытесняем её из своего сознания. Учась на своих ошибках, с возрастом мы должны становиться мудрее. Загнанная внутрь травма рано или поздно даст о себе знать. Почему? Потому что она должна чему-то научить нас. В чём главный урок? В том, что нужно жить в любви, а не в страхе. Все эмоции берут начало либо в любви, либо в страхе. Коренная причина страха — это разрыв с собственным духовным началом.

Соответственно, все религии и духовные пути считают источником всего сущего Высшее духовное существо. Цель таких религий и путей в установлении связи с духовным началом, находящей отражение в нашей жизни. Такая связь позволяет человеку жить в любви и раскрывать положительные качества жизни.

Наше тело хранит эмоциональные шаблоны независимо от того, осознаём мы это или нет. Поскольку тело никогда не лжёт и всегда удерживает заблокированную энергию, оно служит хорошим индикатором неразрешённых эмоциональных проблем. Нередко первым признаком проблемы становится боль — физическая, эмоциональная или смешанная. Во многих телесных заболеваниях, особенно хронических, есть эмоциональная составляющая. Некоторые эмоции настолько сильны и очевидны, что их легко распознать. Если это происходит в вашем случае, то можно сразу переходить к поиску конкретной эмоции в разделе «Таблица эмоций» и начинать её сброс.

Иногда мы загоняем свои эмоции слишком глубоко, и они хранятся в теле до тех пор, пока давление не достигнет определённой силы и не превратится в боль или болезнь[4]. Чтобы определить, с какой эмо-

---

[4] *Feelings Buried Alive Never Die*, Carol Truman

цией связана определённая боль, найдите точку боли на схемах тела и обратитесь к разделу «Таблица эмоций».

Как только вы определите эмоцию, поймёте её обратную сторону, усвоите урок или найдёте выход из ситуации, эмоцию нужно высвободить из клеточной памяти. Доктор Кэролайн Мисс[5] утверждает, что для «движения» в новом направлении нужно сдвинуть 70% клеток тела. Вот почему для сдвига шаблона требуется больше, чем осознание или понимание проблемы. Понимание проблемы важно, но правильный посыл нужно донести до тела или клеточной памяти; отсюда потребность в повторении процедуры сброса.

Выявление глубинных проблем

Самый действенный способ изменить эмоциональный шаблон после его выявления — как можно конкретнее обозначить глубинную проблему. Мышечное тестирование — один из способов подключения к подсознанию, описанный в последней главе, — позволяет найти области, которые находятся близко к проблеме и связаны с ней. Если выявленная эмоция близка к главной проблеме, но ею не является — это «губчатая» реакция мышцы, которую нельзя однозначно охарактеризовать как сильную или слабую. Некоторые эмоции, такие как горечь и ненависть, связаны с более глубокими проблемами. В таблице напротив них вы увидите обозначения *См. прошлое* и *См. гнев*. Движение от поверхностных эмоций к более глубоким позволяет определить коренную проблему, работа с которой будет максимально эффективна. Однако с каждой коренной проблемой связаны и другие эмоции. Параллельная работа с эмоциями, окружающими коренную, позволяет снизить эмоциональное напряжение.

Работа со связанными эмоциями

При работе с коренной, глубинной проблемой, требующей применения эфирного масла и переписывания шаблона 18 раз в сутки на протяжении семи недель, обнаруживаются также связанные с ней эмоции. Можно подключить дополнительные масла для работы со связанными эмоциями ещё до завершения семинедельного цикла, или работать с ними, используя то же самое масло. Например, используя масло *лаванды*, можно начать с переписывания шаблона «страх критики», а затем, ещё до завершения работы с первой эмоцией, добавить к процедуре шаблон «страх быть брошенным».

Во время процедуры очистки вы можете испытать быстрый выход на поверхность сильных эмоций. Если применение масла высвобождает столько эмоций, что вам трудно с ними справиться, сделайте паузу и «переваривайте» эмоции столько времени, сколько потребуется. Когда вы будете готовы продолжать, возобновите процедуру с того места, где завершили её. Захлёстывающие вас эмоции обычно указывают на наличие глубинных эмоций, от которых также нужно освободиться. Одновременная работа с ними наряду с коренными проблемами нередко снижает эмоциональное напряжение. Когда воспоминания и эмоции выходят на поверхность, часто бывает полезно записать их, прогуляться, поразмышлять, поговорить с близким другом или заняться спортом. Подробная информация о методах записи содержится в разделе «Дополнительные методы сброса».

---

[5] *Why People Don't Heal And How They Can,* Caroline Myss. Ph.D

СБРОС ЭМОЦИОНАЛЬНЫХ ШАБЛОНОВ

Эмоциональные шаблоны хранятся в клеточной памяти и влияют на наше тело, наш разум и наши эмоции. Для изменения шаблона требуется:

1. **Понять эмоциональный шаблон.** Для этого нужно осмыслить, как одна и та же эмоция проявляется в разных ситуациях, и как она влияет на жизнь. Это позволит понять, почему вы испытываете определённые проблемы. Когда вы поймёте суть шаблона или определите проблему, вы увидите лучший способ справиться с ситуацией.

2. **Признать проблему** до того, как вы окажетесь посреди неё. Поняв причину проблемы, вы сможете лучше справляться с разными ситуациями. По сути признание проблемы и будет означать усвоение урока.

3. **Быть готовым к переменам и желать их.** До тех пор, пока не будут поняты или пережиты последствия определенного поведения, не возникнет и потребности в изменениях или необходимой мотивации. Вот почему положение дел ухудшается до невыносимого уровня, прежде чем человек сможет понять шаблон и свою роль в нем. Для перемен в жизни нужно изменить направление, а для этого, в свою очередь, нужно приложить усилия и сконцентрировать энергию.

4. **Изменение эмоционального энергетического шаблона.** Автоматическое поведение или автоматическая реакция — это фиксированный энергетический шаблон. Чтобы добиться его изменения, необходимо вывести его энергию из всех «тел» — физического, ментального и эмоционального. Усвоение урока влияет на духовное тело; понимание шаблона задействует ментальное тело; связанные с шаблоном биологически активные точки обеспечивают доступ к физическому телу, а чувства обеспечивают связь с телом эмоциональным.

Сброс шаблонов

Для освобождения от глубоко укоренившегося шаблона требуется осмыслить жизненный урок, полностью понять его и усвоить. Чтобы вывести эмоциональный шаблон из тела, нужно почувствовать эмоцию и высвободить её из клеточной памяти. Доступ к эмоциям, хранящимся в железах и органах, можно получить с помощью активных точек, а к лимбической системе — посредством запахов. Эфирные масла имеют вибрационные частоты, способные сдвигать и менять шаблоны. Их воздействие на акупунктурные точки направляет частоту к конкретному органу, а вдыхание масла высвобождает шаблон из лимбической системы мозга, тем самым обеспечивая прямой доступ к клеточной памяти тела.

Для сброса эмоционального шаблона нужно:

1) выявить шаблон, связанный с эмоцией;

2) понять шаблон — противоположную сторону данной эмоции;

3) усвоить урок, найдя выход из ситуации;

4) сбросить и перепрограммировать шаблон в клеточной памяти тела, то есть изменить ДНК;

5) высвободить шаблон из памяти, хранящейся в лимбической системе мозга.

Чего ожидать

Сброс эмоциональных шаблонов с помощью эфирных масел — очень мягкий процесс.

Изменения часто происходят почти незаметно, поскольку тело может стереть программу только так же, как записывало её — шаг за шагом. Именно поэтому процедуру нужно постоянно повторять. Продолжительность во времени несущественна. Двигайтесь в своём темпе. Только от вас зависит, сколько времени уйдет на избавление от коренной проблемы — семь недель или семь месяцев. Понимание того, как перейти от отрицательных эмоций к положительным, делает эти перемены постоянными.

Вы будете отвечать на ситуации, а не сопротивляться им. Часто в процессе сброса шаблонов человек обретает внутреннее спокойствие, глубоко расслабляется и раскрывается, позволяя своему телу дышать. Вы заметите, что стали более гибкими, и это отразится на том, как вы справляетесь с разными ситуациями.

Эмоции, воспоминания и осознание появляются на поверхности тогда, когда вы можете с ними справиться. Процесс очищения начинается с болезненной эмоции, такой как отвержение, и перемещает вас в позитивное состояние. И хотя утверждение «я принимаю себя полностью таким, какой я есть» может вызвать противоречивые отклики внутри вас, конечным результатом неизбежно станет принятие. Повторяя процедуру, вы постепенно сотрёте из клеточной памяти старый шаблон и замените его новым шаблоном — принятия.

Главная наша задача и главная сложность в жизни — выражать любовь независимо от того, какие сюрпризы жизнь нам готовит. В игре, которая называется «выживание», на арену выходят наши самые сильные страхи. Страх — главная причина возникновения эмоциональных шаблонов, известных также как психологические проблемы. Проблемы — это уроки, которые каждому предстоит усвоить. У всех нас имеются все существующие эмоциональные шаблоны, но некоторые из них вызывают более серьёзные проблемы для конкретных людей. Некоторые шаблоны универсальны, тогда как другие больше свойственны в большей степени определённым людям. У различных групп людей есть общие знаменатели, которые выражаются в типе их телосложения. Отсюда берёт начало стереотип толстых весельчаков и серьёзных, даже желчных худых людей. Телосложение определяется доминирующей железой, органом или системой организма. Доминирующая железа контролирует не только телосложение, но и базовые личностные особенности.

Эмоциональные шаблоны сохраняются в теле; при этом серьезные жизненные проблемы соотносятся с доминантной железой каждого человека, определяющей тип его телосложения. О том, как определить тип своего телосложения, и об основных проблемах для каждого из типов можно прочитать в разделе «Точки соприкосновения». Ниже я опишу распространённые ситуации, которые демонстрируют влияние сброса эмоциональных шаблонов на жизнь человека.

Распространённые ситуации

Гнев

Лейну 26 лет, и его доминантной железой является тимус. Коренные проблемы типа телосложения «Тимус» — осуждение окружающих и самоконтроль, а основная эмоциональная реакция — гнев. Лейн начал применять смесь эфирных масел *Очищение* для воздействия на активные точки печени и эмоциональные точки лобного выступа семь раз в день. Он переживал гнев, затем смеялся и утверждал: «я знаю, куда идти».

Меньше чем через неделю на репетиции группы он уронил футляр со своей гитарой и обнаружил на нём трещину. Обычно в подобных ситуациях у него случались вспышки сильного гнева, который чувствовали на себе все окружающие и который длился минимум неделю, прежде чем начинало вырисовываться какое-либо решение.

На этот раз он пришёл домой и рассказал матери, что очень злится из-за трещины на футляре. Через час он уже спустился в гараж, нашёл черную краску и починил футляр так, что трещины почти не было видно. После этого он ещё несколько раз оказывался в похожих ситуациях, и ему удавалось быстро выйти из состояния гнева или даже обойти его, находя жизнеспособную альтернативу, приемлемую для всех.

Как только он завершил трехнедельный курс смеси масел *Purification*, он обнаружил следующую эмоцию — фрустрацию, которая хранится в общем желчевыносящем протоке (ОЖП). «Другая сторона» фрустрации — это чувство достижения желаемого. «Выходом» здесь является установка «я выхожу за пределы своих ограничений». Завершив применение масла *лимона* семь раз в день на протяжении трех недель, он уже был готов решить коренную проблему своего типа телосложения — страх перед неудачей. «Другая сторона» страха перед неудачей — это признание, а выход из тупика — установка «я принимаю рост». Активная точка здесь — тимус, эфирное масло — *перечная мята*.

Снятие эмоциональных шаблонов с помощью «выхода» и эфирных масел позволила Лейну решить коренные проблемы и изменить эмоциональные реакции, с которыми он боролся всю свою жизнь. Ему удалось легко встроить новые шаблоны в свою жизнь, сделав её проще и радостнее.

Взаимоотношения

Молли сорок лет, и она долго работала над личностным ростом, в том числе посещала психотерапевта. Хотя она хорошо понимала динамику своих отношений, ей не удавалось разорвать сковывавшие ее эмоциональные шаблоны. Она начала курс масла *лаванды*, чтобы избавиться от глубоко укоренившейся проблемы страха перед одиночеством, и произносила установку: «Любой жизненный опыт — это ценный урок для меня».

Вскоре после этого у неё состоялся разговор с её парнем, и она почувствовала, что хочет выразить свои чувства вместо того, чтобы продолжать держать их внутри. На следующее утро она чувствовала себя бодрой и полной сил. Её друг хотел закончить отношения. Впервые в жизни она сумела выразить свои подлинные чувства: «Если ты действительно хочешь этого для себя, я с уважением отнесусь к твоему решению». Хотя Молли скучала по нему, она понимала, что это верное решение — впервые она смогла пережить разрыв, не страшась одиночества и не умоляя возлюбленного вернуться к ней. Она приписала всё это тому, что ей удалось сбросить эмоциональный шаблон страха перед одиночеством.

Хроническое заболевание

Тело — чудесный индикатор того, что происходит в жизни человека. Оно точно отражает эмоциональное состояние, даже если разум пытается найти объяснение или игнорировать реальность. Тело Татьяны реагировало особенным образом — у неё развивались видимые опухоли, первая из которых появилась в 1989 году на подошве стопы. Она обратилась за помощью к традиционной медицине, и ей удалили опухоль вместе с частью ступни. Будучи профессиональной танцовщицей, она понимала, что это тревожный звонок, призыв к пробуждению. В итоге она разорвала несчастный брак.

Несколько лет спустя, в 1996 году, она заметила пару опухолей на ноге и поняла, что нужно найти причину проблемы, а не лечить симптомы. С этого начался её путь в мире личностного роста и психотерапии. В 1999 году, когда опухоли появились в третий раз, Татьяна определила общую нить. Всякий раз, когда развивались опухоли, она состояла в отношениях с мужчиной, в которых утрачивала свою индивидуальность. В прошлом она разрывала все такие отношения, зная, что, хоть это и больно, ей придется сделать это просто чтобы выжить.

Но на этот раз у Татьяны было другое средство: она знала, как пользоваться эфирными маслами для сброса глубоких эмоциональных шаблонов. Она распознала несколько взаимосвязанных шаблонов и использовала соответствующие им эфирные масла и процедуры сброса. Татьяна применяла некоторые масла нерегулярно, с незначительным эффектом, за исключением двух: *Release* для исцеления страха небезусловной любви и *лаванды* для преодоления страха быть покинутой. После курса *лаванды* Татьяна с великим удивлением осознала, что больше не боится остаться одна. Впервые в жизни она смогла разорвать отношения и чувствовать себя цельной. Расставание прошло без слёз, и она просто вернулась к тому, что считала правильным для себя. Даниэл — мужчина, с которым она состояла в отношениях — инициировал разрыв, поскольку Татьяна отдавала ему слишком много энергии, и он понимал, что это плохо сказывается на её исцелении. Она втягивала его в водоворот своих эмоций ради самосовершенствования и преодоления страха перед полной преданностью и самоотдачей в любви. Как только Татьяна вернулась домой, она начала применять смесь масел *Release* и масло *лаванды*, произнося Молитву прощения всякий раз, когда думала о Даниэле. Она молилась и применяла масла примерно раз в час и была поражена тем, как хорошо ей спалось ночью и как легко она пережила следующие три дня.

Татьяна использовала Молитву прощения, которую рекомендовала ей доктор Роберта Херцог, с позволения которой мы приводим молитву в этой книге.

Закон прощения

Закон прощения сформулирован в молитве «Отче наш», где говорится «… и прости нам долги наши, как и мы прощаем должникам нашим…». Это Закон Вселенной. Когда вы прощаете и просите прощения в ответ, карма ситуации выравнивается, становясь нейтральной.

Вот как вы можете помочь себе: каждое утро и каждый вечер — не меньше *десяти дней* или двух недель, после пробуждения и перед сном сядьте и успокойтесь. Закройте глаза и представьте человека, которого хотите простить, улыбающимся и радостным, и произнесите, обращаясь к нему, следующее:

«_________________, я прощаю тебе *всё*, что ты сказал(а) или сделал(а) мыслью, словом или делом, причинив мне боль в этой или любой другой жизни. Ты свободен(-на), и я свободен(-на)! __________, и я прошу тебя простить мне всё, что я сказал(а) или сделал(а) мыслью, словом или делом, причинив тебе боль в этой или любой другой жизни. Ты свободен(-на), и я свободен(-на)! Благодарю Тебя, Боже, за эту возможность простить ____________ и простить себя».

Вы *поймёте*, когда нужно прекратить это говорить каждый день, потому что почувствуете *истинное освобождение* примерно через десять дней или две недели. Это освобождение может вызвать у вас слёзы, смех, благостное ощущение… что угодно. Вы также поймёте, что *полностью изменили своё отношение к этому человеку*, и что *этот человек тоже изменил своё отношение к вам*! После этого вы по-настоящему осознаете проблему *и начнёте работать с этой кармой*, чтобы нейтрализовать её, освободиться от боли, приобрести умиротворение и стать радостнее и здоровее физически, умственно и духовно.

Татьяна поняла, что пытается дополнить себя другим человеком. Она рассуждала примерно так: «Если я даю тебе то, что ты хочешь, ты будешь меня любить. Если я приношу тебе удовольствие в постели, ты дополнишь меня и будешь заботиться обо мне». Татьяна осознала что секс не обязателен ей для того, чтобы быть цельной. Ей было нужно взять на себя ответственность за свою жизнь, поэтому она добавила в процедуры масло *берёзы*. Когда ей удалось переключиться на то, чтобы быть цельной личностью, а не половиной, её отношения с Даниэлом изменились. Они продолжали видеться в общественных местах, и Татьяна заметила, что они стали двумя полноценными энергиями, готовыми к тому, чтобы создать третью.

Поскольку Татьяна относилась к типу телосложения «Желудок», масло *Peace and Calming* оказалось очень ценным для неё и помогло преодолеть страх потери самообладания. Остаться в одиночестве во время болезни или жизненного кризиса — это страх, который преследовал Татьяну всю её сознательную жизнь. Когда Татьяна поняла, как сильно ей помогло масло *лаванды* в избавлении от страха одиночества, она смогла так же спокойно справиться и с другими проблемами. Теперь Татьяна твёрдо уверена в том, что усвоила урок того, что нужно заботиться о себе самостоятельно. Она изменила клеточную память, сняв шаблон, который раньше вызывал образование опухолей на её теле.

Изобилие

Индивидуальный предприниматель Пит, тип телосложения «Надпочечник», хотел работать над стремлением к изобилию. Будучи индивидуальным предпринимателем, он должен был обеспечить работой не только себя, но и свою команду. Мы начали тестировать его на изобилие, но оно никак не проявилось; затем на несостоятельность — с тем же результатом. Ища основополагающую, глубинную эмоцию, мы выявили у него страх неудачи. Страх неудачи хранится в тимусе. Противоположной стороной страха перед неудачей является признание, а прийти к признанию можно, дав себе установку «я принимаю рост». Самым быстрым способом изменить этот шаблон для Пита были применение масла *перечной мяты*, проверка чувств и произнесение установки «я принимаю рост» семь раз в день в течение семи недель.

Через три недели после начала Пит получил два очень больших заказа, которые обеспечили работой его самого и всю его команду до конца года, не считая текущих заказов. Он понял, что расширение бизнеса потребует найма дополнительного персонала, поэтому на некоторое время прервал курс *перечной мяты*. Он решил вернуться к ней, тогда, когда будет готов принять рост в других сферах своей жизни.

Готовность к переменам

Таня осознала, что постоянно ссорится с дочерью своего мужа, Сьюзи. Сьюзи была подростком. Чувство вины, которую испытывал её муж из-за развода с матерью Сьюзи, не позволяло ему вмешаться и поставить дочь на место. Муж не поддерживал Таню и не избавлял её от гнева и словесных оскорблений Сьюзи.

Таня больше не могла мириться с такой жизнью и поняла, что единственный способ на самом деле что-то изменить — это изменить ограничивавшие её шаблоны. Для начала она выбрала две смеси эфирных масел: *Purification* для работы с гневом и *SARA* для избавления от злословия. Обе смеси воздействовали на её глубинные проблемы, и их нужно было использовать 18 раз в день в течение семи недель. Третью смесь масел — *Release* нужно было использовать 10 раз в течение семи недель, чтобы избавиться от утраты собственной индивидуальности и страха перед успехом. Твёрдо вознамерившись решить свои проблемы, Таня сосредоточилась на том, чтобы не забывать о своевременном применении масел. Это было сложной задачей, особенно учитывая то, что она постоянно носила цельное трико или длинное платье с колготками, и что одной из её проблем был гнев (активная точка в области печени), а другой — утрата собственной индивидуальности (активная точка в области матки).

В течение первой недели Таня применяла масла не 18, а только 10 раз в день. Когда она начала осознавать, что совершенно не ценит себя, то увеличила число применений до 18. Повторение старого негативного шаблона, замена его новым позитивным состоянием и самовнушение позволили ей чётче осознать закономерности своего мышления. Она поняла, в каком направлении ей нужно двигаться, чтобы добиться того, чего ей хотелось, и что нужно предпринимать, чтобы не сбиться с пути. Старая привычка делать всё сразу понемногу, не акцентируя внимание на чём-то одном, была связана у неё со страхом завершения дела. Этот и другие родственные шаблоны постепенно всплывали в том темпе, в котором она могла с ними справиться. Твёрдо решив выйти на новый уровень, она осознала, как хорошо по-настоящему заботиться о себе, после семинедельного курса. Вновь обретённая ясность мысли и сознания позволила ей в конце концов начать карьеру.

Таня воспитывалась в духе бескорыстной и непрестанной помощи окружающим, но стала бесхарактерным человеком. Начав применять масла, она сразу заметила, что может спокойно и действенно находить выход из разных ситуаций, на которые раньше реагировала эмоционально, особенно с учетом того, что в доме жили два подростка. Таня научилась разумно реагировать на стресс вместо того, чтобы срываться, и это позволяло ей сохранять внутреннее спокойствие и не втягиваться в конфликт. Это было серьёзным достижением с учётом её типа телосложения — «Лёгкие», поскольку это крайне эмоциональный тип личности. Она обрела ясность мысли, самосознание и силу. С любовью, но твёрдо выражая свое мнение, она помогла своей семье лучше понять её намерения и истинные чувства, вызвав настоящее уважение к себе. Эмоциональная от природы, она смогла вновь обрести себя, сбросив весь негатив, связанный с её глубинными проблемами. Она научилась выражать подлинные чувства и быть честной с собой.

После 7 недель интенсивного курса цели Тани всё больше прояснялись, и она стала более целеустремлённой. Теперь у неё появилось больше возможностей для получения опыта и реализации своих талантов. Она все лучше и лучше понимает, чем хочет на самом деле заниматься, поскольку впервые нашла в себе внутреннюю силу, свой стержень, стала цельной. Также она осознала, как её характер и реакции на разные ситуации влияют на её семью и любого человека, с которым она взаимодействует. И хотя она прекрасно понимает эмоциональное состояние окружающих её людей, ей больше не нужно отражать их эмоции. Впервые в жизни она полностью свободна.

Помощь партнёру

Илейн и Боба связывают очень хорошие отношения, полные любви. Но несмотря на то, что они оказывают друг другу исключительную поддержку, Илейн иногда кажется, что Боб её не слышит. Она много раз просила его открывать дверь её ванной, когда он встает, потому что она не хочет будить его шумом своего фена и потому что в ванной становится жарко, но она не слышит его за шумом фена. Хотя Боб всё время обещает исправиться, он забывает открывать дверь. Ещё одна проблема в том, что их кошка стареет и становится слишком разборчивой в еде. Илейн постоянно просит Боба не давать кошке слишком много еды, потому что потом она не съедает остаток. Боб продолжает давать ей слишком много еды, а когда Илейн напоминает ему о том, что этого делать не нужно, ему кажется, что она пилит его. Когда Илейн нужно, чтобы кто-то просто выслушал её, и она делится своими чувствами или сомнениями, Боба это раздражает, и он даже иногда злится, так что у Илейн складывается впечатление, что ей не стоит делиться с ним своими чувствами. Они много раз обсуждали эти шаблоны поведения, но это не только не помогло их изменить, а ещё больше расстраивало их, осложняя проблему.

В разговоре с Илейн я спросила у неё, в чём, по её мнению, главная проблема Боба. Она мне сказала, что, скорее всего, он чувствует себя беспомощным, как тогда, когда умерла его мать и когда его друзья погибали во Вьетнаме. Глубинная эмоция при ощущении беспомощности – это *чувство потрясения*. Обратная сторона *потрясения* — это *ви́дение*, а прийти к этому состоянию можно с помощью установки «я фокусирую свою энергию». В данном случае используется смесь масел *Envision* (Ви́дение), а активной точкой является точка ви́дения рядом с глазами.

Илэйн поделилась с Бобом своим открытием и дала ему масло *Envision*. Она заметила, что Боб довольно эмоционально произносит установку, глядя в зеркало. На второе утро Илэйн подошла к Бобу и сказала: «Это действует». Еды у кошки было столько, сколько нужно, дверь была открыта, а общение стало более открытым и непринуждённым. Тогда Боб ещё не замечал перемен, но на пятый день их заметил и он. Нет необходимости говорить, что Боб продолжил применять масло для сброса шаблона.

СБРОС ЭМОЦИОНАЛЬНЫХ ШАБЛОНОВ

Эмоциональный шаблон можно определить по самой эмоции или по области тела, где возникает боль или дискомфорт. В таблице эмоций приводятся эмоции (обе полярности), активные точки тела и эфирные масла, используемые для сброса шаблонов. Местоположения активных точек на теле приведены в разделе «Схемы».

Большинство слов, которыми характеризуются эмоции, имеют негативную окраску. Позитивно окрашенные слова используются в сочетании со словом «страх» — страх перед любовью, страх не быть любимым или страх быть непривлекательным.

Чтобы начать сброс эмоционального шаблона, нужно:

1. Определить чувство или эмоцию. Это позволит осмыслить эмоцию, воспринять её разумом.

2. Понять эмоцию и шаблон мышления, породивший её.

3. Определить другую, положительную сторону найденной эмоции.

4. Найти «выход» — установку, утверждение, которое станет способом перемещения энергии из негативной в позитивную область. Выход должен быть сфокусирован на главном уроке, который следует понять и усвоить. Как только человек найдёт «выход» из негативной эмоции, сдвинуться из нежелательного эмоционального состояния будет легко. Когда негативная эмоция ослабляет свою хватку, и урок усваивается, то меняется и связанная с шаблоном жизненная ситуация. Если негативная эмоция или ситуация снова проявится, человек уже будет знать, как сдвинуть свои внимание и концентрацию. Это придаёт сил и позволяет сделать осознанный выбор.

   Сброс глубоко укоренившихся эмоциональных шаблонов их выхода и замены желательной реакцией. Изменение шаблона подобно заполнению жёлоба — чем он глубже, тем чаще вам нужно поддерживать связь с другой стороной эмоции. «Выход» — это своего рода мост, позволяющий перемещаться с отрицательного берега эмоции на положительный. Чем глубже эмоциональный шаблон, тем чаще нужно связывать обе стороны эмоции для создания нового шаблона.

5. Высвободить шаблон из клеточной памяти. Для этого нужно вдыхать эфирное масло, а затем наносить его на активные точки и точки эмоций. Для активации эфирного масла капните одну каплю на ладонь той руки, которая не является у вас ведущей, и три раза прокрутите ей по часовой стрелке. Затем нанесите масло на активные точки и точки эмоций. Если у вас ещё остаётся масло, нанесите его на описанные ниже точки высвобождения и фильтрации.

Стандартная частота нанесения — 1, 3, 7, 10 или 18 раз в сутки в течение 1, 3 или 7 недель. Таким способом можно работать с разными эмоциями по очереди, непосредственно друг за другом. При использовании разных масел их можно наносить слоями, то есть одно поверх другого, или же одно за другим. Масла можно наносить с интервалом в 15 минут, до и после работы, либо в такое время, когда вы сможете сосредоточиться на эмоциях. Если вы не можете использовать масла с нужной частотой, или если вам нужен некоторый перерыв, чтобы справиться с эмоциями, можно продлить курс применения.

Точки высвобождения и фильтрации

Точка высвобождения, расположенная на позвоночнике у основания черепа, помогает высвободить эмоциональный шаблон. Точки фильтрации, расположенные по обе стороны задней части черепа, используются для отфильтровывания энергий, притягивающих человека обратно к прежнему шаблону. Нанесение масла на эти дополнительные точки после его нанесения на активные точки и лобные выступы усилит эффект.

Чувствительность к маслам

Некоторые масла относятся к сильнодействующим веществам и могут раздражать чувствительную кожу, особенно на лице и на лбу. Если вы чувствуете сухость кожи или жжение, растворите масло посредством добавления V6 или любого растительного масла к капле на ладони руки. Если вы испытываете какие-либо проблемы при нанесении масел, просто вдыхайте масло, а затем прикасайтесь к активным точкам и точкам эмоций, прорабатывайте эмоцию и произносите установку.

Некоторые масла, например масло *лимона* (Lemon), повышают фоточувствительность кожи, что может привести к солнечным ожогам. Применяйте такие масла крайне осторожно и лучше вдыхайте их, чем наносите на кожу.

После первоначального нанесения масла, если вы обнаружили, что его применение вызывает дискомфорт, часто бывает вполне достаточно проработать чувства и произнести установку.

Самый важный элемент — это ваше намерение. Испытайте чувства и сосредоточьтесь на установке. В некоторых случаях установка бывает не очень ясной. По мере работы над ней вы можете прийти к осознанию новых фактов, и это — неотъемлемая часть процесса обучения и раскрытия личности.

Работа с маленькими детьми

Как родитель вы можете наносить масло на активные точки и точки эмоций ребёнка, проговаривая эмоции и произнося установку. Это особенно действенно тогда, когда и родитель, и ребёнок работают над одной и той же проблемой, поскольку дети часто подражают родителям и неосознанно копируют их действия.

Конечная цель — научить детей заменять негативные эмоции их позитивным выражением. Одна из самых распространенных эмоций у детей — это гнев, обычно вспыхивающий, когда ребёнок не может добиться своего. Для этой эмоции применяется масло *Purification* («Очищение»). Самые удобные точки для доступа к печени находится на кистях рук. Нанесение масла нередко позволяет избавиться от гнева всего за несколько минут.

При работе с более устойчивыми или более глубокими шаблонами для замещения гнева смехом попробуйте вместе с ребёнком какой-нибудь физической деятельностью, которая никому не повредит — например, попинать комья земли. Ключ в том, чтобы вы оба занялись чем-нибудь глупым, но требующим применения физической силы. Вы не заметите, как оба засмеётесь.

Еще одна распространенная среди детей эмоция — это обида. Для её лечения применяется масло *Passion* (Страсть). Противоположная сторона данной эмоции — это творчество и созидание. Для физической ассоциации дайте ребёнку лист цветной бумаги и попросите его или её вырезать из этой бумаги какую-нибудь фигуру — мячик, колокольчик или цветок. Сохраняйте бумажные фигуры в корзинке, откуда их потом можно будет брать и смотреть. Так обиды можно преобразовывать в творчество, что может стать ценным и важным шагом в развитии чувства собственного достоинства и самоуважения.

Помощь другим

Когда всплывают эмоции — например, гнев, — проговорите их: «Я чувствую гнев». Затем вдохните масло (в нашем примере — *Purification*) и нанесите его на тело. Проговорите противоположную сторону этой эмоции — смех — и произнесите установку «выхода»: «Я знаю, куда идти». Затем предложите окружающим поделиться маслом с ними. Независимо от их выбора ситуация начнёт меняться.

Вы можете видеть наличие глубинных эмоций, с которыми человек, которому вы помогаете, не в состоянии справиться самостоятельно. Можно использовать масло, связанное с конкретной эмоцией, при массаже ног, или наносить его на область тела, в которой находится активная точка. Можно проговорить эмоции и произнести установку «выхода». Для дополнительного усиления эффекта можно добавить масло, связанное с доминантной эмоцией (или эмоциями), в диффузор, и поместить у кровати человека.

ВЫЯВЛЕНИЕ ЭМОЦИИ

Существует множество способов выявления эмоций. Поскольку эмоции взаимосвязаны, можно использовать любую из них или несколько, так как будет происходить наложение.

Используйте наиболее явную на данный момент точку входа.

1. Определите эмоцию.

   Обратитесь к разделу «Таблица эмоций» и найдите эмоцию в нём.

2. Определите область боли, давления или дискомфорта в теле.

   Обратитесь к разделу «Схемы» за информацией об активных точках тела.

   Обратитесь к таблице точек тела.

   Обратитесь к таблице эмоций.

3. Найдите масло. Выберите запах, который кажется вам особенно привлекательным.

   Обратитесь к таблице масел и найдите эмоцию, связанную с тем, что происходит в вашей жизни.

4. Прощупайте точки на ступне или ухе.

   Найдите нежные точки и связанные с ними активные точки тела или эмоции.

5. Телосложение: определите своё телосложение и обратитесь к связанным с ним глубинным проблемам.

   Выберите те из них, которые обладают наибольшим эмоциональным зарядом.

6. Доминантные черты — определите свои основные сильные и слабые стороны.

   Выберите те из них, которые вам бы хотелось поддержать.

7. Пообщайтесь со своим телом и постарайтесь услышать его посредством медитации или с помощью более осязаемых методов, таких как биолокация, мышечное тестирование или двигательный тест.

ОПРЕДЕЛЕНИЕ ТИПА ТЕЛОСЛОЖЕНИЯ

Тип телосложения человека определяется доминирующей железой, органом или системой. Тип телосложения — это врождённая особенность человека, и он не изменяется на протяжении всей жизни. Именно от доминирующей железы зависит, в каких участках тела накапливается вес, она же определяет характеристики тела, продукты питания, которые лучше всего восстанавливают энергию человека, и даже характерные личностные особенности, порождающие коренные эмоциональные проблемы. Люди с одинаковым телосложением сталкиваются с аналогичными коренными эмоциональными проблемами в жизни, и эти вызовы открывают возможности для эмоционального и духовного роста.

Существует 25 различных типов телосложения, с характерными предпочтениями в еде и особенностями личности. Ваш личностный профиль буквально сжимает 20 лет исследований самого себя в четыре страницы. Он объединяет ваши характерные черты и ваши мотивации, а также «худшие» стороны ваших особенностей и «лучшие» их стороны, то есть ваш потенциал в сравнении с самим собой, а не с кем-то. Книга ***Сброс эмоциональных шаблонов с использованием эфирных масел*** была написана именно для того, чтобы преобразовать «худшие» ваши характеристики в «лучшие».

25 типов телосложения поделены на 4 квадранта в зависимости от соединительных точек. Соединительными точками мы называем две доминирующие черты, присущие человеку от рождения. Это ваши «системы по умолчанию», на которые вы больше всего полагаетесь в момент стресса. Вашими доминантными сторонами характера будут **разум** или **эмоции** с одной стороны и **тело** или **дух** — с другой. Следующие страницы книги помогут вам определить у себя две доминантные стороны характера. После этого вы сможете исследовать типы телосложения, попадающие в ваш квадрант и описанные на последующих страницах. После определения типа телосложения можно переходить к коренным эмоциональным проблемам, свойственным вашему типу. Хотя все мы испытываем самые различные эмоции, с некоторыми из них нам сложнее справиться, чем с другими. Вы обнаружите, что коренные проблемы всё время ставят вам подножки, становятся причиной трудностей, вызывают негативные эмоции и ограничивают ваши возможности.

У некоторых типов телосложения доминирующие черты находятся настолько близко к центру, что их бывает трудно распознать. На приведённом ниже графике представлено относительное расположение 25 типов телосложения. Вы заметите, что некоторые типы, такие как «Надпочечник», «Тимус» и «Желудок», находятся на внешней кромке квадранта **«разум-тело»**. Эти типы расположены на крайней стороне полярности **«разум-тело»**, и в целом их легко связать с этими сторонами характера, тогда как у таких типов как «Лимфа», «Нервная система» и «Костный мозг» подобное разграничение провести сложнее. Цель здесь в том, чтобы встроить в наше естество те его части, которые явно не проявляются — в данном случае мы говорим о паре **«эмоции-дух»**. Это позволит нам расти и находить самые лучшие проявления своей природы, лучше понимать других и самих себя. Мы привлекаем в нашу жизнь других людей из других квадрантов для того, чтобы научиться видеть мир под другим углом и во многих случаях изменять или смягчать свою точку зрения.

КВАДРАНТЫ ОТНОШЕНИЙ ТИПОВ ТЕЛОСЛОЖЕНИЯ

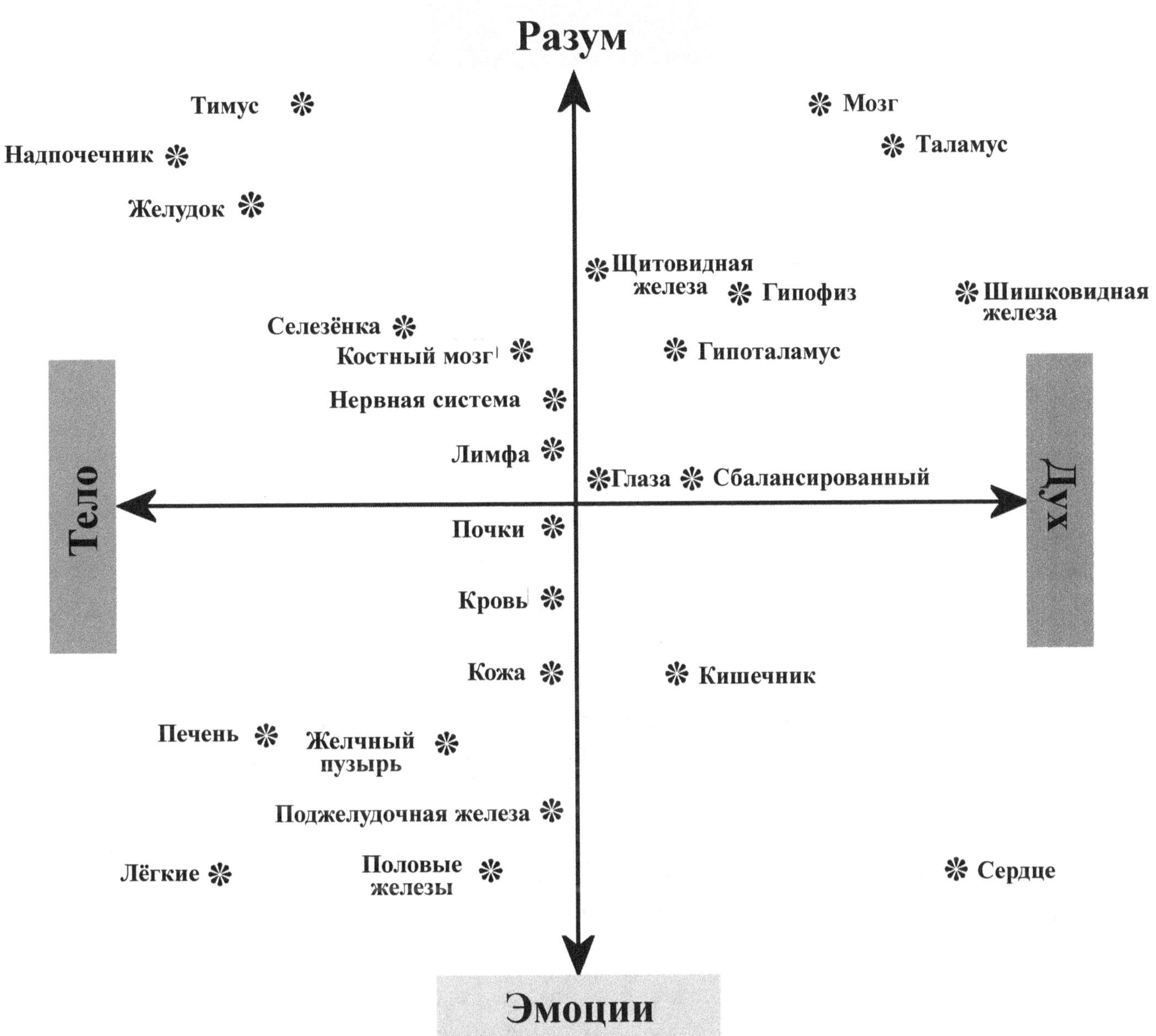

Подробнее о типах телосложения и соответствующих им режимах питания — в моей книге *«Различные тела — различные диеты»* или на сайте *www.bodytype.com*, где можно пройти тест для определения своего типа телосложения.

СОЕДИНИТЕЛЬНЫЕ ТОЧКИ

Знание доминантных сторон характера поможет определить, какие масла способны принести вам реальную пользу. Доминантные стороны — это «соединительные точки», которые помогут найти путь в области самого сильного дисбаланса. Различают четыре стороны характера — разум, эмоции, тело и дух : две из них обычно доминируют. У каждого человека есть сильная связь с одной из сторон пары «разум-эмоции» и с одной из сторон пары «тело-дух». Самые сильные стороны — это те аспекты жизни, которые кажутся наиболее реальными и с которыми вам проще всего взаимодействовать. Две недоминантные стороны характера также присутствуют у всех людей в большей или меньшей степени. От того, насколько они интегрированы в вашу природу, зависит то, насколько они вам знакомы.

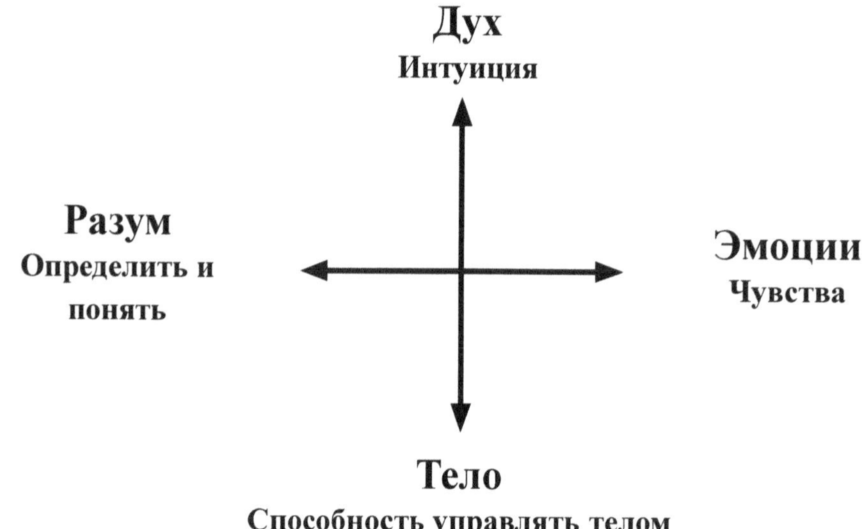

Сочетания доминантных сторон характера

Две доминантные стороны характера закладываются в вас ещё до рождения. Ваша задача в том, чтобы укреплять и интегрировать две слабые стороны, эффективно используя доминантные. Как только вы определите свои доминантные стороны, посмотрите, как все стороны проявляют себя в вашей жизни. Может быть, одна из сторон вашего характера — доминантная — проявляется слишком сильно, и её нужно ослабить, успокоить, а другая — комплементарная — выражена менее ярко, и её нужно усилить, стимулировать? Отдельные слова, утверждения и вопросы на следующих страницах призваны помочь вам в определении доминантных сторон и «соединительных точек».

«Соединительные точки» — это те области, с которыми вы больше всего себя отождествляете. Ваша цель в том, чтобы установить связь с противоположными точками и встроить их в своё естество. Чем больше вы делали для того, чтобы развить рецессивную (слабо выраженную) сторону характера, тем сложнее сейчас будет распознать самую сильную из сторон. *Если вам уже удалось развить слабую сторону вашего характера, вспомните себя до того момента, когда вы приняли решение развивать её.*

Чтобы определить свои «соединительные точки», взгляните на себя честно. Выберите из слов и утверждений наиболее близкие вам. *Отвечайте так, как чувствуете, а не так, как вас учили.* Помните — все люди одинаково прекрасны, нет худших и лучших.

РАЗУМ ИЛИ ЭМОЦИИ?

На что вы всецело полагаетесь — на разум или на эмоции? Зачастую это ваш первый импульс, то, что оказывает на вас самое сильное влияние. Попадая в трудную ситуацию, вы полагаетесь на свою логику и способность осмыслить происходящее — разум, — или же на «шестое чувство, интуицию — эмоции?

Слова и фразы, приведённые ниже, относятся к одной из двух сторон характера. Выберите те, которые больше всего соответствуют вам.

Думать	Чувствовать
Полагаться на разум	Полагаться на чувства
Логика	Интуиция
Сосредоточен	Будь что будет
Вижу цель	Открытый
Линеен	Спонтанный
Спокойствие	Доброта и ласка
Амбиции	Преданность
Страсть	Вера
Драйв	Действие
Моя первая реакция на ситуацию — сначала обдумать, потом прочувствовать.	Моя первая реакция на ситуацию — сначала прочувствовать, потом обдумать.
Дома я лучше всего реагирую на разумные просьбы.	Дома я лучше всего реагирую на конкретные просьбы.
Я стараюсь оценивать свои чувства и чувства других людей с отвлечённой, аналитической точки зрения.	Обычно я погружен(а) в чувства, как свои, так и других людей.
Я предпочитаю логические, упорядоченные и неэмоциональные разговоры.	Предпочитаю разговоры об эмоциональной стороне проблем.
Моя доминантная сторона — разум.	Моя доминантная сторона — эмоции.
РАЗУМ	**ЭМОЦИИ**

Вы рациональны или эмоциональны? Или вы эмоциональный человек, не показывающий своих чувств?

ТЕЛО ИЛИ ДУХ?

С чем вы больше себя отождествляете — с телом или духом? Вы дух, имеющий тело, или тело, имеющее дух? Если вы больше отождествляете себя с телом, то и ваша реальность теснее связана с физическими явлениями и силами. Если вы больше отождествляете себя с духом, ваша реальность связана с интуицией, внимательностью к нематериальному, «шестым чувством». Люди, сильно связанные со своим духом, часто бывают осторожны в незнакомых ситуациях, в то время как люди, больше связанные с телом, «бросаются в омут с головой».

Выберите наиболее привлекательные для вас слова и заявления, которые лучше всего характеризуют ваши естественные наклонности.

Упорный	Хрупкий
Почва	Воздух
Твёрдый	Деликатный
Земля	Небо
Буквальный	Эфемерный
Научный	Волшебный
Основательный	Парящий
Видимый	Незримый
Среда	Вселенная
Приземлённый	Гибкий
Осязаемый	Невидимый
Материальный	Идея
Разумный	Чувствительный
Точный	Абстрактный
Фактический	Интуитивный
Предпочитаю порядок и ясность во всём.	Предпочитаю, чтобы жизнь шла своим чередом.
Предпочитаю несколько раз обсудить новую идею перед тем, как проверить её на практике.	Мне нравится сразу же проверять новые идеи.
Я двигаюсь от деталей к целому.	Я двигаюсь от целого к деталям.
Я тело, имеющее дух.	Я дух, имеющий тело.
ТЕЛО	**ДУХ**

У вас преобладает телесная или духовная сторона характера? Выберите сторону, лучше всего характеризующую вас в детстве.

ДОМИНАНТНЫЕ СТОРОНЫ

Один из способов определить свои коренные проблемы — это посмотреть на эмоции, которые хранятся в доминирующих в вашем типе телосложения железе, органе или системе. 25 типов телосложения[6] можно разделить на четыре квадранта в зависимости от их доминантных сторон.

ТЕЛО-РАЗУМ

- Надпочечник
- Лимфа
- Костный мозг
- Нервная система
- Селезёнка
- Желудок
- Тимус

ДУХ-РАЗУМ

- Сбалансированный
- Мозг
- Глаза
- Гипоталамус
- Шишковидная железа
- Гипофиз
- Таламус
- Щитовидная железа

ТЕЛО-ЭМОЦИИ

- Кровь
- Желчный пузырь
- Половые железы
- Почки
- Печень
- Лёгкие
- Поджелудочная железа
- Кожа

ДУХ-ЭМОЦИИ

- Сердце
- Кишечник

---

[6] *Different Bodies, Different Diets* with the 25 Body Type System™, б Carolyn L. Mein, D.C. 1998 (в переводе на русский книга опубликована в 2010 году под названием «Различные тела, различные диеты»)

СТОРОНЫ ХАРАКТЕРА

ПОДСКАЗКА. В каждом квадранте находится несколько типов телосложения. Некоторые из них крайне сильно выражают доминантные стороны характера, а другие сильно близки к противоположным сторонам, что усложнит правильный выбор. Например, хотя типы «Тимус» и «Лимфа» оба находятся в квадранте «тело-разум», в первом телесный аспект выражен значительно сильнее, а второй больше тяготеет к духовной стороне. Однако при этом тип «Лимфа» всё ещё остаётся телесным, поскольку для достижения духовной целостности таким людям нужно предпринимать физические действия. Читая описания квадрантов, вы легко поймёте, к какому из них вы можете себя отнести.

Описания людей из различных квадрантов

ТЕЛО-РАЗУМ

Для таких людей реален только материальный мир. Чтобы осознать существование явления или предмета, им нужно видеть их, осязать, понимать, как они работают. Физически сильные и мысленно сосредоточенные, эти люди могут добиваться всего, к чему стремятся.

ДУХ-РАЗУМ

Их реальность — это идеи, идеалы и концепции. Они сильны тем, что умеют собирать воедино отрывки информации и идей, а затем выражать их в материальной форме на благо человечества. Эти люди в большей степени ориентированы на решение задач, чем просто на общение с людьми.

ТЕЛО-ЭМОЦИИ

Для этих людей реальность — это эмоции и материальное выражение чувств, и высшим приоритетом для них являются семья и общество.

ДУХ-ЭМОЦИИ

Чрезвычайно чуткие духовно и эмоционально, эти люди обычно уже в раннем детстве учатся уделять внимание телесным и умственным аспектам просто чтобы выживать. Их сила в том, чтобы использовать развитые стороны характера.

Главная цель для всех людей — развивать слабые, недоминантные, стороны характера, и стремиться к цельности и гармонии. Мы притягиваем в свою жизнь людей, доминантные стороны которых отличаются от наших. Это помогает нам. Вы должны работать над своими слабыми сторонами характера, а не над теми, которые у вас уже развиты. Хотя мы всегда говорим о двух доминантных сторонах характера, одна из них может быть выражена значительно ярче другой в зависимости от жизненных приоритетов. Например, человеку типа «Щитовидная железа», который главное внимание в жизни уделял умственной стороне, может быть трудно отождествить себя с духовной стороной. В этом случае человеку нужно развивать не только недоминантные черты, но и рецессивную доминантную (в данном примере — дух). Чаще всего заблокированными оказываются духовная и эмоциональная стороны.

ИНДИВИДУАЛЬНЫЕ ЧЕРТЫ ХАРАКТЕРА
РАЗНЫХ ТИПОВ ТЕЛОСЛОЖЕНИЯ

ГИПОТАЛАМУС

Доминантные стороны этих людей — дух и разум. Наличие сложной задачи позволяет им докопаться до глубин сознания и целиком погрузиться в деятельность, способную развить у них дополнительную черту характера, которой они могли бы поделиться с окружающими. Их сильный аналитический ум и развитая интуиция делают их способными создавать успешные компании и финансовые империи и жизнь, приносящую выгоду им самим, а потом уже и остальному человечеству.

ГИПОФИЗ

Доминантные стороны этих людей — дух и разум, а высшая награда для них — чувствовать себя счастливыми. В первые четыре года жизни дети усваивают больше информации, чем во все последующие годы вместе взятые. Благодаря сильной связи с духовным началом люди типа «Гипофиз» способны сохранять детскую открытость и невинность на протяжении всей жизни, а их проницательность позволяет использовать полученные знания ради блага и счастья других людей.

ГЛАЗА

Доминантные стороны этих людей — дух и разум. Чтобы жизнь таких людей имела смысл, им органически необходимо менять мир к лучшему. Они проницательны и понимают, как всё могло бы быть, как дела обстоят сейчас и что должно произойти для изменения ситуации. Помогать другим людям — это самый эффективный для них способ воплотить своё видение. Развитая духовная составляющая позволяет им наблюдать за другими без осуждения, а также понимать, как может повлиять на людей высвобождение негативных эмоций. Поскольку главная их сила — разум, им легко игнорировать или подавлять нежелательные эмоции вплоть до полной блокировки проницательности, если они уже переполнены эмоциями.

ЖЕЛУДОК

Доминирующие стороны этого типа — тело и разум. Они любят сложные и интересные задачи и испытывают наивысшее удовлетворение от достижений и свершений. Умственная фокусировка и подкрепляющая её физическая сила заставляют их «загораться» любой сложной задачей, которая попала в их поле зрения. Их желание делать людям приятное открывает двери для эмоциональной чуткости. Установление связи с духовным началом позволяет им фокусировать колоссальные количества умственной и физической энергии.

ЖЕЛЧНЫЙ ПУЗЫРЬ

Доминантные стороны этих людей — тело и эмоции. Эмоциональные по природе, люди этого типа обычно стараются держать чувства при себе и наибольшее удовлетворение испытывают тогда, когда могут физически выражать любовь к окружающим, принося им пользу. Физическая деятельность помогает им разложить всё по полочкам и сфокусировать эмоции. Их физическая сила проявляется в надёжности и последовательности во всём.

КИШЕЧНИК

Доминантные стороны этих людей — дух и эмоции. Им жизненно необходимо расширение. Если они у них не будет умственного или эмоционального расширения, они станут расширяться в буквальном смысле — физически. Ограничения мотивируют их на перемены, «выдавливая» их из безвыходной ситуации в неведомый им материально-интеллектуальный мир. Именно здесь они могут по-настоящему реализовываться, впитывая новые впечатления и создавая мир на Земле.

КОЖА

Доминантные черты этого типа — тело и эмоции. Для них нет ничего более увлекательного, чем новые открытия, а самые волнующие открытия для них — это те, которые могут принести положительные эмоции им и окружающим. По типу восприятия эти люди — визуалы и любят облекать свои открытия в материальную, осязаемую форму — предпочтительно что-нибудь, приятное на ощупь. Остро ощущая эмоции других людей, они любят приносить радость окружающим и любят, когда к ним прикасаются.

КОСТНЫЙ МОЗГ

Доминантные стороны этих людей — тело и разум. Они процветают тогда, когда их ценят. Их терпение и системный, логический подход делают их превосходными учителями. Мотивацией для них служит то, что их ценят ученики, тогда как умственная сосредоточенность и страх неудачи побуждают их всегда быть на должной высоте в своей области знаний и повышать свою квалификацию.

КРОВЬ

Доминантные стороны людей этого типа — тело и эмоции. Им абсолютно необходима гармония. Чувства обеспечивают их связь с окружающим миром, поэтому они постоянно осознают как свои эмоции, так своё восприятие эмоционального состояния других людей. Один из главных приоритетов для них — потребность в самоуважении и в уважении со стороны людей, а также уход от любой реальной или мнимой дисгармонии.

ЛЁГКИЕ

Доминантные стороны этого типа — тело и эмоции. Наивысшее удовлетворение для них — это забота о ком-либо или получение заботы от других людей. Будучи эмоционально восприимчивыми, они склонны либо создавать внешний «панцирь», либо замыкаться и уходить в себя в те моменты, когда чувствуют себя беспомощными. Потребность в самовыражении мотивирует их обращаться к творчеству, которое часто связано с музыкой или материальными способами заботы об окружающих.

ЛИМФА

Доминантные стороны этих людей — тело и разум. Приятное волнение заставляет их оживать, двигаться, добиваться результатов. Не имея материальной или умственной стимуляции, они впадают в депрессию; она, в свою очередь, заставляет всплыть эмоциональную боль, которая заставляет их выйти из депрессии. Они сообразительны и внимательны, и наибольшее удовлетворение испытывают от учёбы. Основа существование для них — тело, и они уделяют большое внимание здоровью и внешней привлекательности.

МОЗГ

У людей этого типа преобладают дух и разум. Они по-настоящему счастливы тогда, когда их жизнь имеет направление. Развитые умственные способности позволяют им легко собирать информацию, а пробелы заполняются интуитивной, духовной стороной. Имея направление, они чувствуют себя в безопасности и видят смысл жизни в том, чтобы нести накопленную информацию во внешний мир. Выход в мир открывает для них возможности роста, поскольку позволяет им приобретать материальный и эмоциональный опыт.

НАДПОЧЕЧНИК

У этого типа преобладают телесные и умственные черты. Для таких людей нет ничего приятнее успеха — успеха во всех сферах жизни. Чтобы успех воспринимался как нечто реальное, он должен принимать материальные очертания — машины, деньги, признание, слава, и чем больше, тем лучше. Люди этого типа сосредоточены на разуме, и эмоции для них вторичны. Им легко игнорировать или подавлять эмоции до тех пор, пока внезапно не происходит взрыв. Причиной такого взрыва может быть любая мелочь, но как только тирада завершается, такой человек забывает всё — не остаётся никаких обид, неприятного осадка или сожаления.

НЕРВНАЯ СИСТЕМА

Доминантные стороны этих людей — тело и разум. Ничто не приносит им большего удовлетворения, чем выслушивать других. Практичные и эффективные, они добиваются наилучших результатов тогда, когда используют свои развитые умственные способности для сбора информации и передачи её окружающим сообразно с их потребностями и желаниями — связывая людей информацией.

ПЕЧЕНЬ

Доминантные стороны этих людей — тело и эмоции. Люди такого типа — прекрасные учителя. Опираясь на эмоции, поддерживая окружающих или получая от них поддержку, они получают мотивацию учиться тому, что преподносит им жизнь. Они преуспевают в объединении усилий разных людей, объединении разных процессов в единый поток и в передаче мудрости из поколения в поколение.

ПОДЖЕЛУДОЧНАЯ ЖЕЛЕЗА

Доминантные стороны этих людей — тело и эмоции. Они по-настоящему довольны тогда, когда испытывают радость и могут делиться ей с окружающими. Поскольку они опираются на эмоции, они нередко чувствуют себя неуверенно, сравнивая себя с логичными и разумными знакомыми; это мотивирует их развивать свои умственные способности. Однако именно эмоциональная энергия приводит в движение их жизнь, а радость поддерживает в них жизненные силы.

ПОЛОВЫЕ ЖЕЛЕЗЫ

Доминантные стороны этих людей — тело и эмоции. Они веселы, и это создаёт идеальную среду для выражения всего спектра положительных эмоций к тем, кого они любят. Будучи крайне вербальными и чуткими к эмоциям окружающих, они нередко страдают от собственной эмоциональной нестабильности. Их мотивирует красота, и поэтому для них важно хорошо выглядеть; они даже могут создать себе сильный, гордый, мужественный образ. Их сила в том, что они ценят красоту и видят её в других. Их истинная внутренняя красота лучше всего проявляется в весёлой, непринуждённой обстановке.

ПОЧКИ

Доминантные стороны этих людей — тело и эмоции. Они счастливее всего тогда, когда могут проявить гибкость — когда у них есть выбор, когда они могут открывать для себя новые возможности. Как только они чего-то добиваются и выходят за пределы своих мнимых ограничений, они расслабляются и наслаждаются общением с окружающими до появления следующей сложной и интересной задачи. Для удовлетворения таким людям нужны разнообразные задачи и общение с людьми — только так у них появляются гибкость и возможности для роста.

СБАЛАНСИРОВАННЫЙ

У людей этого типа преобладают дух и разум. Им нужны приключения, и самое большое приключение для них — это люди. Развитый разум позволяет им мыслить быстро, а духовный аспект делает их чуткими и сострадательными в отношении других людей. Им нравится выступать — они находят приключения в творчестве и самовыражении.

СЕЛЕЗЕНКА

Доминантные стороны этого типа — тело и разум, а наивысшее счастье для них — чувствовать себя в безопасности. Будучи материальным благом, безопасность для них должна выражаться в чём-то осязаемом: большой дом, деньги на банковском счету, жизнеспособный проект, физическое присутствие другого человека. Сильная умственная фокусировка делает их прекрасными организаторами; у них есть цепкость и настойчивость, которые позволяют им успешно даже управлять даже огромными проектами.

СЕРДЦЕ

Доминантные стороны людей этого типа — дух и эмоции. Они остро чувствуют эмоциональное состояние окружающих, чутко реагирующие на него и чувствуют себя лучше всего в спокойной обстановке. Они чувствуют себя настолько плохо в обстановке дисгармонии, что обязательно сделают или скажут что-нибудь, чтобы поменять энергетику. Если это не помогает или неуместно, они физически покинут такую обстановку и создадут свою собственную, приглашая окружающих войти в их энергетическое поле.

ТАЛАМУС

Доминантные стороны представителей этого типа — дух и разум. Самореализация для них заключается в том, чтобы «быть», а не «делать». Наивысшее их удовлетворение поступает от того, что они чувствуют себя эффективными или полезными, и это делает вектор их самовыражения направленным больше внутрь, чем вовне. Имея развитый ум, они любят собирать информацию и откладывать её на будущее. Исследование — их вторая натура. Их духовная доминанта выражается в сильнейшем развитии аудиального восприятия, чуткости к музыке и звукам.

ТИМУС

Доминанты у людей этого типа — тело и разум. Они испытывают удовлетворение от преодоления личных трудностей. Они всегда стремятся оградить себя от опасностей, и преодоление личных трудностей часто начинается с физической боли. Ориентированные на материальный мир и разум, они могут быть довольно прагматичными. Главная задача для них — развить у себя духовные и эмоциональные черты, перейти от осуждения к безусловной любви и принятию и двигаться к совершенству на протяжении всей жизни.

ШИШКОВИДНАЯ ЖЕЛЕЗА

Доминанты этих людей — дух и разум. Для удовлетворения этим людям необходимо чувствовать свободу. Высшая свобода для них лежит в духовной сфере и проявляется в форме самореализации. Интуиция — выражение духа и один из даров самореализации. Они сообразительны и внимательны, и главная их задача — установить связь с сердцем и встроить эмоции в свое естество. Истинную свободу можно испытать лишь тогда, когда удаётся сбросить ограничивающие её эмоциональные шаблоны.

ЩИТОВИДНАЯ ЖЕЛЕЗА

Доминантные стороны этого типа — дух и разум. Чтобы какая-либо деятельность приносила им удовлетворение, она должна быть достойной, то есть приносить пользу конкретному человеку или человечеству в целом. Эти уравновешенные люди стремятся использовать информацию, собранную ими в сферах духа и разума, на благо общества. Строя мост через пропасть между разумом и сердцем, они находят духовным явлением материальное выражение. Чтобы выполнить своё предназначение, им нужно делиться своими открытиями с окружающими.

СИСТЕМА «25 ТИПОВ ТЕЛОСЛОЖЕНИЯ»

Насчитывается 25 типов телосложения, каждый из которых имеет уникальные особенности характера и потребности в питании и упражнениях. Тип телосложения определяется доминирующей железой, органом или системой организма.

Теперь вы можете определить тип вашего телосложения с помощью онлайн-теста на сайте

www.bodytype.com

На нём вы найдёте две разные версии теста — для мужчин и для женщин.

КОРЕННЫЕ ЭМОЦИОНАЛЬНЫЕ ПРОБЛЕМЫ

У всех нас имеются все существующие эмоциональные шаблоны, но некоторые из них вызывают более серьёзные проблемы для конкретных людей. Для каждого типа телосложения существуют определённые ситуации и уроки, решение и усвоение которых представляет наибольшую сложность. Ниже мы приводим самые распространённые коренные эмоциональные проблемы для каждого типа.

ТИП ТЕЛОСЛОЖЕНИЯ	ЭМОЦИЯ	ТИП ТЕЛОСЛОЖЕНИЯ	ЭМОЦИЯ
Надпочечник	Конфликт, неудача, страх быть брошенным, один на один с миром	Печень	Гнев, отвержение, неудача
Сбалансированный	Контроль, отвержение, «да пошёл ты»	Лёгкие	Отвержение, страх быть брошенным, упрямство
Кровь	Дисгармония, конфликт, подавленность, страх оказаться в трудной ситуации	Лимфа	Страх остаться позади, поиск себя
Мозг	Страх быть оставленным, плохие пристрастия, оскорбление, контроль, комплекс неполноценности, неудача	Костный мозг	Ограничения, неудача
		Нервная система	Жертва, страх, контроль, «да пошёл ты»
Глаза	Эмоции, «да пошёл ты», прозрение, перегруженность, никчёмность	Поджелудочная железа	Неправота, предательство, страх отпустить
		Шишковидная железа	Контроль, неизвестность, ограничение
Желчный пузырь	Прошлое (страх повторения), фрустрация, обида, страх отпустить	Гипофиз	Одиночество, страх быть брошенным, мудрость, ограничения
		Кожа	Критика, страх быть брошенным
Половые железы	Поиск себя, подавленность, «недостаточно хорош»	Селезёнка	Вина, страх быть брошенным, неправота
Сердце	Одиночество, «недостаточно хорош», беспокойство	Желудок	Страх быть брошенным, контроль, комплекс жертвы, конфликт, комплекс неполноценности, упрямство
Гипоталамус	Стыд, страх, предательство	Таламус	Зависимость, неудача
		Тимус	Гнев, неудача, утрата, страх быть брошенным, неправота, комплекс неполноценности
Кишечник	Страх быть брошенным, «недостаточно хорош», отвержение, отчаяние, критика		
Почки	Любовь, страх, страх быть непонятым	Щитовидная железа	Грусть, несправедливость, невозможность выговориться, неудача, непонимание

ЧЕТЫРЕ СТОРОНЫ ХАРАКТЕРА

Как только вы определите, в какой области находятся ваше доминантное восприятие — в области разума или в области эмоций — посмотрите, как оно выражается. Ваш разум слишком жёсткий, он контролирует все остальные чувства и доминирует над ними? Если это так, используйте масло *Peace & Calming*[7] для расслабления разума. Также вы можете воспользоваться маслом *Joy*[7], чтобы усилить и поддержать свои эмоции.

Вы слишком эмоциональны? Масло *Sandalwood*[7] поможет сгладить чрезмерно яркие эмоции. Масло *Clarity*[7] поддержит и прояснит разум.

Чем лучше вы понимаете различные аспекты своего естества, тем легче вам принять себя и развивать слабые стороны характера. Знание своих типа телосложения[8] и психологического профиля даст вам еще больше ценной информации. Тип телосложения[8] — это своего рода компактное и практичное руководство, которое позволит вам понять базовые черты вашего характера, мотивации и лучшие способы выражения своих сильных сторон. Определение двух своих доминантных сторон позволит определить тип телосложения и связанные с ним коренные эмоциональные проблемы.

Четыре стороны характера — тело, эмоции, разум и дух — олицетворяют собой четыре наших «тела». Дисбаланс в любой из областей — это следствие того, что энергия:

слишком сильна — гиперактивность;

слишком слаба — вялость, недостаточная активность, истощение.

Гармония — это состояние равновесия. Восстановить равновесие можно, если понять:какая система вышла из равновесия или испытывает стресс;

слишком низка или слишком высока энергия этой системы.

Было обнаружено, что масла, приведённые на следующей странице, чрезвычайно эффективны. Вам нужно будет подобрать масло, которое восстановит равновесие и баланс в области, требующей наибольшего внимания.

---

[7] Смеси масел компании Young Living Essential Oils™

[8] *Different Bodies, Different Diets* with the 25 Body Type System™, Carolyn Mein

ГАРМОНИЗАЦИЯ ЭМОЦИЙ

ТЕЛО

- **Valor** увеличивает физическую силу. Наносить на ступни.

  Физическое напряжение возникает из-за чрезмерной активности физического тела; данное масло помогает меньше фокусироваться на теле.

  Процедура будет эффективнее, если масло будут наносить два человека, один на ступни, а другой в область точки С7 и поверх плеч (точки нервов).

- **Immupower** поддерживает иммунитет и особенно полезно в случае телесных болезней.

ЭМОЦИИ

- **Joy** помогает сдвинуться из депрессии в позитивное состояние,

  обратиться к положительным эмоциональным качествам, помогает в сбросе тревоги и горести.

- **Sandalwood** помогает справиться со слишком сильными эмоциями. Наносить на большие пальцы ног, виски и крестец.

- **SARA** помогает сбросить эмоциональную травму, позволяя человеку выйти из смятения и обрести ясность ума.

РАЗУМ

- **Clarity** помогает справиться с недостатком ясности и мозговой активности.

- **Peace & Calming** используется, когда разум становится гиперактивным.

ДУХ

- **Frankincense** стимулирует разум и расширяет кругозор.

- **Rose** повышает духовную концентрацию.

- **White Angelica** особенно полезно для защиты.

- **Awaken** уравновешивает ум и пробуждает внутреннее сознание.

- **3 Wise Men** помогает строить духовный фундамент и освобождает от глубоких психологических травм.

ОЧИЩЕНИЕ И ПОДДЕРЖАНИЕ ЭНЕРГЕТИЧЕСКОГО ПОЛЯ

Морская соль

Если вы чувствительная личность, если вы работаете с людьми или постоянно окружены ими, то у вас есть тенденция «собирать» энергию окружающих и удерживать её в своём энергетическом поле. Добавление морской соли в ванну или использование ее вместо мыла в душе очищает эмоциональное тело. Если вы используете соль в душе, держите ее в пластмассовом стаканчике. Встаньте под душ и нанесите соль подобно мылу, прежде всего на грудь и солнечное сплетение. Соль удалит мертвые клетки с поверхности кожи и смягчит её. Пользуйтесь обычной мелкой морской солью, которую можно купить на развес в магазинах здорового питания. Две области, которым следует уделить особое внимание, — это солнечное сплетение и грудная клетка. Морская соль особенно помогает тогда, когда человек проходит стадию эмоционального освобождения или когда рядом с ним находится некто, проходящий эту стадию; для многих это бо́льшая часть жизни.

Эфирные масла

Помимо того, что смесь масел *White Angelica* защищает от бомбардировки негативной энергией, она может также использоваться для очищения энергетического поля, или ауры.

Для очистки своего энергетического поля, капните одну-две капли *White Angelica* на ладонь. Для активации масла трижды потрите кисти рук по часовой стрелке, сложите кончики пальцев над головой, а затем вытяните руки вдоль тела по бокам. Также можно провести руками по передней и задней части тела. Поскольку энергетическое поле больше физического тела, для быстрой очистки энергетического поля держите руки на расстоянии 10–15 см от тела.

Смесь *White Angelica* можно нанести на темя, грудину, верхнюю часть плеч и на затылок у шейных позвонков для защиты перед входом в зал, полный людей. Если вы особенно чувствительны к энергетике других людей, *White Angelica* поможет вам не заряжаться их эмоциональной энергией и не уносить эту энергию с собой.

Это особенно помогает сохранить собственную энергию и предотвратить истощение в процессе работы, учёбы или важной встречи.

Вы можете легко поделиться методом очистки энергетического поля маслом *White Angelica* с коллегами. Это быстрый метод, который приносит мгновенные, заметные, позитивные сдвиги, особенно в отношении чувствительных людей.

Peace & Calming — превосходное масло, которое наносится на запястья и верхнюю часть плеч, а также перечисленными выше способами при огорчении или волнении. Оно исключительно эффективно для плачущих младенцев, детей и животных.

Фокусировка и равновесие

В своей книге ***The Way It Works*** (Как это работает) Кен Пейдж описывает простой метод очистки, позволяющий сфокусировать и сбалансировать свою энергию. На это уходит менее 30 секунд, и в идеале его нужно применять от трёх раз в день тогда, когда вы остаетесь наедине с собой и у вас нет никаких дел. Для многих из нас такое случается только тогда, когда мы находимся в ванной.

«Независимо от того, сидите вы или стоите, сделайте следующее: сфокусировав внимание и намерения, соедините руки над головой, расслабьтесь и подумайте «я очищаюсь». С этой мыслью, проведите руками вниз по передней срединной линии тела. Затем войдите в собственное личное пространство. Просто затяните себя туда сознательным усилием, сфокусировав внимание. Это легко можно сделать, вытянув руки перед собой и сосредоточившись на мысли о том, что вы собираетесь затянуть себя в личное пространство. Чтобы затянуть себя в энергетическое поле, медленно передвигайте вытянутые руки в направлении тела. Затем положите руки на солнечное сплетение и расслабьте их. Следующие 5–10 секунд просто побудьте в своём личном пространстве, насладитесь этим моментом и возлюбите себя».[9]

Поддержание состояния

Чтобы определить, какие масла использовать, вам может понадобиться настроиться на энергию дня. Есть ли какой-то аспект, который необходимо поддержать или усилить? Прислушайтесь к своим ощущениям, чтобы определить потребность в поддержке в конкретных областях. Как только вы сбросите осознаваемые вами конкретные эмоции, ваш выбор, скорее всего, будет зависеть от четырёх сторон характера.

---

[9] *The Way it Works,* p.28, Ken Page, 1997

КАК ПОЛЬЗОВАТЬСЯ ТАБЛИЦАМИ

Таблица эмоций

Легче всего начать с эмоций, которые вы лучше всего понимаете или которые испытываете в данный момент.

Большинство эмоций, перечисленных в таблице — отрицательные, но среди них есть и несколько положительных. Очевидно, что мы хотим избавиться от отрицательных и усилить положительные эмоции. Поэтому если в таблице указана положительная эмоция — например, любовь — необходимо учитывать, что строка относится к негативным эмоциям, связанным с ней — например, страху не быть любимым, страху быть недостойным любви или к страху перед самой любовью. Масла являются адаптогенами, то есть могут сбалансировать эмоцию, если она проявляется чрезмерно или недостаточно.

Таблица масел

После определения конкретной эмоции вам может потребоваться работать с эмоциями, связанными с ней. Часто связанные между собой эмоции требуют применения одного и того же масла. Быть может, вас привлекает конкретное масло, и вы хотели бы знать, какие эмоции с ним ассоциируются.

Таблица точек

Просмотрите список и найдите орган, железу или систему, испытывающие стресс или имеющие заболевание. После того, как вы найдёте соответствующую точке эмоцию, обратитесь к таблице эмоций.

Один из способов выявления эмоций, аналогичных тем, которые вы испытываете, — поиск связанных с ними органов или систем. Например, уши связаны со слухом, евстахиевы трубы — со страхом услышать правду, а ушная раковина — со страхом противоречий. Получить доступ к этим эмоциям можно, найдя связанные с ними органы в таблице точек, найдя сами точки на схеме тела или найдя эмоции в таблице эмоций.

Поиск активных точек на теле

Вы можете не осознавать эмоций, но испытывать боль или дискомфорт в теле. Обратитесь к таблицам, определите местоположение боли и выявите связанную с этой болью эмоцию в Таблице точек.

Вы можете одновременно работать над несколькими эмоциями или дать себе больше времени для анализа. При работе с постоянной проблемой может потребоваться изменять частоту и точку нанесения масел. Вам потребуется подмечать изменения, происходящие в теле. Самый простой метод диалога с телом — это мышечное тестирование, описанное в последней главе.

Масла можно использовать для сброса конкретных эмоциональных шаблонов либо по мере необходимости. После сброса шаблона, возможно, вам захочется периодически «освежать» этот опыт. Можно пользоваться только теми маслами, запах которых привлекает вас, и с совершенно разной частотой — от однократного использования до нескольких раз в день на протяжении длительного времени. Частота применения в разные дни может отличаться, равно как и потребность в разных маслах для воздействия на родственные эмоции, связанные с одним и тем же симптомом.

Таблицы

ТАБЛИЦА ЭМОЦИЙ
ЭМОЦИЯ, ДРУГАЯ СТОРОНА И «ВЫХОД». ИЛИ УСВАИВАЕМЫЙ УРОК

Для сброса ограничивающего вас эмоционального шаблона требуется понять проблему и то, как она влияет на вашу жизнь. Другими словами, нужно понять, почему вы сталкиваетесь с этой проблемой, что вы могли бы испытывать вместо неё и что нужно сделать, чтобы изменить ситуацию. Изменение шаблона подобно заделыванию выбоины — чем глубже шаблон укоренился, тем больше на это уйдет времени. Для избавления от некоторых эмоций бывает достаточно просто осознать их. Для избавления от других, более глубоких, эмоций, потребуется больше времени и внимания.

Все неприятные эмоции основаны на страхе. В таблице ниже приведены отрицательные эмоции, а также страхи не испытать положительную эмоцию, например, для любви — страх не быть любимым, не быть достойным любви или полюбить.

ЭМОЦИЯ	ДРУГАЯ СТОРОНА	ВЫХОД	МАСЛО	АКТИВНАЯ ТОЧКА	НА СХЕМЕ
АГРЕССИЯ	Уважение	*Я люблю*	Valor или Valor II	Кора надпочечника	**D**
АПАТИЯ	Воодушевление	*Я сознаю*	Brain Power	Гиппокамп	**A,C**
БЕДНЫЙ	Поддерживаемый	*Выражаю свою страсть*	Abundance	Клеточная память	**D,H**
БЕЗДОМНЫЙ	*См. Страх быть брошенным*				
БЕЗЖАЛОСТНЫЙ	Свобода	*Я в потоке*	Laurus Nobilis или White Angelica	Сердечная перегородка	**D**
БЕЗЖИЗНЕННЫЙ	Существовать	*Я существую*	Valerian	Середина туловища, между эго и солнечным сплетением	**D**
БЕЗЗАЩИТНЫЙ	Могущественный	*Я силён*	Goldenrod	Кора надпочечника	**D**
БЕЗОПАСНОСТЬ	*См. Незащищенность*				
БЕЗОТВЕТСТВЕННЫЙ	Признание	*Смотрю в лицо реальности и отвечаю за свой успех*	Helichrysum	Евстахиевы трубы	**B,G**
БЕЗЫСХОДНОСТЬ	Полный надежд	*Выход есть*	Awaken	Костный мозг	**D**

ЭМОЦИЯ	ДРУГАЯ СТОРОНА	ВЫХОД	МАСЛО	АКТИВНАЯ ТОЧКА	НА СХЕМЕ
БЕЛКА В КОЛЕСЕ	Движение вперед	*У меня чистый и ясный ум*	Hong Kuai	Позвоночник	**B,F,H**
БЕСПЕРСПЕ-КТИВНОСТЬ	*См. Бессильный*				
БЕСПОКОЙСТВО	Изобилие	*Я дохожу до глубин*	Abundance	Пищевод	**E,G**
БЕСПОЛЕЗНЫЙ	Необходимый	*Я — совершенство*	Hope	Гипоталамус	**A,E**
БЕСПОМОЩНЫЙ	Защищенный	*Я в безопасности*	Sacred Frankincense	Зрение	**B**
БЕСПОМОЩНЫЙ	Сильный	*Я сильный*	Chivalry или Highest Potential	Почка	**D,G,H**
БЕСПРАВИЕ	*См. Ворожба*				
БЕСПРАВНЫЙ	Уважение	*Я верен себе*	Melaleuca Ericifolia (Rosalina) или Tea Tree	C_1	**B,F**
БЕССИЛИЕ	*См. Паника и/или Беспомощный*				
БЕССИЛИЕ	Динамичность	*Я энергичен*	White Angelica	Аорта	**C**
БЕССИЛЬНЫЙ	Жизнеспособный	*Я полон жизненных сил*	Shutran	Матка/простата	**C**
БЕССОННИЦА	Бодрость	*Я отпускаю и позволяю*	Valerian	Шишковидная железа	**B,F,H**
БЛИЗОСТЬ *(страх перед)*	Доверие	*Я верен своему направлению*	Rose	Центральная часть сердца	**E**
БОЛЬ	Трепещущий	*Я жив*	Pan Away	Травма	**E,F**
БОРЬБА	Ясность	*Я принимаю свои эмоции*	Abundance	Глаз на темени	**B**
БРЕЗГЛИВОСТЬ	Сила	*Я вижу цель*	Australian Blue	Бронхиальная	**C,G**
БУДУЩЕЕ	*См. Неизвестность*				
В ЛОВУШКЕ	Свободный	*Я свободен*	Transformation	Солнечное сплетение	**D,G**
В ТУПИКЕ	Доверие	*Мной руководит Бог*	Palo Santo	Третий глаз	**A,E**
ВЗБУДОРАЖЕННЫЙ	Присутствие	*Я здесь*	Present Time	Надкостница	**H**

ЭМОЦИЯ	ДРУГАЯ СТОРОНА	ВЫХОД	МАСЛО	АКТИВНАЯ ТОЧКА	НА СХЕМЕ
ВИНА	Баланс	*Я понимаю*	JuvaFlex	Токсичность	E
ВИНА	Заслужить (получать по заслугам)	*Я учусь на жизненном опыте*	Clarity	Селезёнка	D,G,H
ВЛАСТЬ *(восстание против или ненависть к)*	Ясность	*Я ясно понимаю*	JuvaFlex или Birch	Кость	F
ВЛИЯНИЕ *(авторитет)*	Сближение (духовное)	*Духовная проводимость*	Spikenard или Egyptian Gold	Нервный корешок	E
ВОЗДАЯНИЕ	*См. Месть*				
ВОЛНЕНИЕ	Безмятежность	*Я уравновешен*	Rosewood или Tea Tree	Кровяное давление	E
ВОЛЯ *(злоупотребление волей)*	Направляемый Богом	*Я прислушиваюсь к внутреннему голосу*	Spikenard или Egyptian Gold	Позвоночный диск	D
ВОРОЖБА	Воспламенение	*Я набираю силу*	Palo Santo	Сердечная перегородка (защита)	D
ВРАЖДЕБНОСТЬ	Гармония	*Я ценю жизнь*	Harmony	Гармония	F
ВЫЖИВАНИЕ	Единство	*Я в единстве со всем сущим*	Cedarwood или Western Red Cedar или Canadian Red Cedar	Шейка матки / пенис, 1-я чакра	C
ВЫЗЫВАЮЩЕЕ ПОВЕДЕНИЕ	*См. «Да пошёл ты»*				
ВЫСКАЗАТЬСЯ ВСЛУХ *(страх)*	Свободная воля	*Не моя, но Твоя воля да будет*	Sacred Mountain	Глотка	A
ВЫСОКОМЕРИЕ	*См. Безвестность*				
ВЯЛОСТЬ	Мужество	*У меня есть движущая сила*	Motivation	Мужество	E
ГИПЕРЧУВСТВИ-ТЕЛЬНОСТЬ	Защищённость	*Я благодарю жизнь*	German Chamomile	Надпочечник	D,G,H
ГЛУПЫЙ	Сведущий	*Я легко учусь*	Tea Tree	Таламус	A,B,E
ГНЕВ	Смех	*Мне понятно, куда двигаться*	Purification	Печень	C,D,G,H

ЭМОЦИЯ	ДРУГАЯ СТОРОНА	ВЫХОД	МАСЛО	АКТИВНАЯ ТОЧКА	НА СХЕМЕ
ЖАДНОСТЬ	Дарение	*Мне хватит*	White Angelica	Сердечная мышца, 4-я чакра	**C**
ЖАЛКИЙ	Радость	*Я свободен*	Joy	Печёночный проток	**E**
ЖАЛОСТЬ К СЕБЕ	В безопасности	*Я в полной безопасности*	Cardamom	Подвздошная кишка	**E**
ЖЕЛАЮЩИЙ УБЛАЖАТЬ	Самостоятельный	*Я любим*	Geranium	Сердечная мышца	**C**
ЖЕРТВА *(быть)*	Ответственность за себя	*Я реален*	Peace & Calming	Нерв	**C,D,F**
ЖЕРТВА *(комплекс)*	Внутренняя сила (связь с ней)	*Причина во мне*	Magnify Your Purpose	Аллергия	**C**
ЖЕСТОКИЙ	Добрый	*Я понимаю*	Stress Away	Дрожжи/пуповина	**C,D**
ЖИЗНЬ *(подавление)*	Контакт	*Я восстанавливаюсь*	Manuka или Myrtle	Жизненная сила, энергетика	**E**
ЗАБВЕНИЕ	Эйфория	*Я соединяю голову с сердцем*	Palo Santo	Гортань и сердечная мышца	**A,C**
ЗАБЛУДШИЙ	Направление	*Я подключен к своему внутреннему знанию*	Grounding	Исток	**F**
ЗАВЕРШЕНИЕ *(страх)*	Развитие	*Я добросовестный*	Oregano или Majoram	Лобный родничок	**B**
ЗАВИСИМОСТЬ	Свобода	*Меня хотят и любят*	Peace & Calming	Мозг	**A,B,E,G,H**
ЗАВИСИМОСТЬ *(страх)*	Свобода	*Я самодостаточен*	Peppermint	Таламус	**A,B,E**
ЗАВИСИМЫЙ	Непреклонный	*Я настроен решительно*	Cassia	Воля в C5	**B**
ЗАВИСТЬ	*См. Нехватка*				
ЗАГНАННЫЕ ВНУТРЬ ЭМОЦИИ	Движение	*Я повышаю свою осознанность*	Hyssop	Надгортанный хрящ	**A,B,D**
ЗАДЫХАЮЩИЙСЯ	Дышать	*Я могу дышать*	Lemon	Плевра	**C**
ЗАКОСТЕНЕЛОСТЬ	Веселость	*Это космическая игра*	Legacy или Peppermint	Тяжелые металлы	**E**
ЗАМЕШАТЕЛЬСТВО	Сфокусированность	*Я уравновешен и сосредоточен*	Magnify Your Purpose	Интеграция @ L3	**F**
ЗАМКНУТЫЙ	Самостоятельный	*Я свободен*	Valor	Шишковидная железа	**B,F,H**

ЭМОЦИЯ	ДРУГАЯ СТОРОНА	ВЫХОД	МАСЛО	АКТИВНАЯ ТОЧКА	НА СХЕМЕ
ЗАПУГАННЫЙ	Уверенный	*Я стабилен*	Blue Tansy или Idaho Tansy	Гормон	**A,E**
ЗАСЛУЖИТЬ	*См. Чувство вины*				
ЗАСТАВЛЯТЬ	Страсть	*Я изливаю душу*	Live with Passion	РНК	**B**
ЗАСТОЙ	Трансформация	*Я набираю силу*	Transformation	Жизненная сила (5 см ниже пупка)	**E**
ЗАСТРЯВШИЙ	Преображенный	*Я испытываю*	Lemon	Пазуха	**A,E,G,H**
ЗАСТЫВШИЙ	Бодрый, живой	*Я двигаюсь легко*	Eucalyptus Blue	Мочевой пузырь	**C,E,G,H**
ЗАТУМАНЕННОЕ СОЗНАНИЕ	*Цельность*	*Я беру себя в руки*	Brain Power или GeneYus	Нёбо (сосание пальца)	
ЗАЧЕМ ЭТО НУЖНО	Ценный	*Я ценен*	Transformation	Селезенка	**D,G,H**
ЗАЩИТА *(отсутствие)*	Защищённый	*Меня защищает духовная связь*	Thyme	Клеточная память	**D,H**
ЗЛОБА	Благожелательность	*Я защищён*	Present Time	Защита сердца	**D**
ИГНОРИРУЕМЫЙ	Признание самого себя	*Я един со всеми*	Harmony	Стрептококк	**A,C**
ИДТИ ВПЕРЁД	*См. Страх и/или Неизвестность*				
ИЗМЕНА СЕБЕ	Самовыражение	*Я люблю мою божественную сущность*	Live Your Passion	Воля в C5	**B**
ИЗНАСИЛОВАНИЕ	*См. Насилие*				
ИЗНУРЁННЫЙ	Наполненный	*Я открываюсь источнику*	Ylang Ylang	Сухожильные нити	**D**
ИЗОБИЛИЕ	Скудость	*Я в потоке Вселенной*	Abundance	Адамово яблоко	**A,C**
ИЗОЛЯЦИЯ	Связь	*Я соединён с окружающими*	En-R-Gee	Дрожжевой грибок/Пупок	**C,D**
ИЛЛЮЗИЯ	Ясность	*Я чётко все вижу*	Present Time	Вирус	**D,E,H**

ЭМОЦИЯ	ДРУГАЯ СТОРОНА	ВЫХОД	МАСЛО	АКТИВНАЯ ТОЧКА	НА СХЕМЕ
ИСКАЖЕНИЕ	Невинность	*Я свободен для того, чтобы принять жизнь как она есть*	Inner Child	Невинность	**A,B**
ИСПУГ	Безопасность	*Я спокоен*	Peace & Calming	Пищевод	**E,G**
ИСПУГАННЫЙ	Мирный	*Я слушаю*	RutaVaLa	Эго	**E,H**
ИСТЕРИЧНОСТЬ	*См. Тревога*				
ИСТОЩЕНИЕ	Омоложение	*Я о себе забочусь*	RC	Лимфатическая гиперемия	**C**
ИСТОЩЕНИЕ	Энергия	*Я пестую себя*	PanAway	Мышцы	**F**
ИСТОЩЕНИЕ АДРЕНАЛИНА	Сила	*Я цельный*	Nutmeg или En-R-Gee	Надпочечник	**D,G,H**
КЛАУСТРОФОБИЯ	*См. Ограниченный*				
КЛЕТОЧНАЯ ПАМЯТЬ *(очистка)*	Свобода	*Я отпускаю прошлое*	Inner Child	ДНК	**B**
КОНТРОЛЬ *(страх перед утерей)*	Равновесие	*Я доволен и благословен*	Peace & Calming	Желудок	**C,E,G,H**
КОНТРОЛЬ ПОСРЕДСТВОМ АТАКИ	Гибкость	*Я в безопасности*	Common Sense	Толстый кишечник	**E**
КОНФЛИКТ *(страх перед)*	Мир	*Я спокоен*	Valor	Кора надпочечника	**D**
КОНФЛИКТНЫЙ	Успокаивающий	*Я сбалансирован*	Jade Lemon	Лёгкое	**C,G,H**
КОНФРОНТАЦИЯ	*См. Конфликт*				
КОНЦЕНТРАЦИЯ *(отсутствие)*	*См. Замешательство*				
КРИЗИС	Облегчение	*Бог ведёт меня*	White Angelica	Пищевод	**E,G**
КРИТИКА	Безусловная любовь и принятие	*Я получаю*	Lavender	Кожа	**F**
ЛЕНИВЫЙ	Инициатива	*Я мотивирован*	Spearmint	Проток поджелудочной железы	**E**
ЛОЖНЫЙ	Реальный	*Я благодарю жизнь*	Cinnamon Bark	Малый кишечник	**E,F,G,H**

ЭМОЦИЯ	ДРУГАЯ СТОРОНА	ВЫХОД	МАСЛО	АКТИВНАЯ ТОЧКА	НА СХЕМЕ
ЛОЖЬ	Правда	*Мудрость*	Copaiba	Позвоночник	**B,F**
ЛУЧШЕ ЧЕМ, МЕНЬШЕ ЧЕМ	*См. Комплекс неполноценности*				
ЛЮБОВЬ *(страх любить или быть любимым)*	Обособление	*Я позволяю себе быть настоящим*	3 Wise Men	Почка	**D,G,H**
ЛЮБОВЬ *(условная)*	Безусловная любовь	*Я смотрю на это с более высокой перспективы*	Release	Глаз/мозг	**B,F**
ЛЮБОПРЕНИЕ	Мир	*Я справедлив*	Peace & Calming	Щитовидная железа	**A,C,G,H**
МАНИПУЛЯЦИЯ	Понимание	*Я понимаю, что реально*	Basil	Первое ребро	**C,F**
МАССОВОЕ СОЗНАНИЕ *(быть частью)*	Проявление сознания Христа	*Я сознаю*	Sacred Mountain	Солнечное сплетение, 3-я чакра	**D,G**
МЕДЛИТЕЛЬНЫЙ	Живой	*Я позволяю себе быть здесь*	Inspiration	Ушные кости	**B**
МЕЛАНХОЛИЯ	Спонтанная радость	*Я избавляюсь от ограничений*	Release	Плевра	**C**
МЕНЯ ИСПОЛЬЗУЮТ	Уважаемый	*Я уважаю себя*	Jasmine	СХ в CV-5 Кровообращение / пол	**C,E**
МЕНЯ НЕ ЦЕНЯТ	Почтенный	*Я уважаю себя*	Present Time	Десны / зубы	**B,E**
МЕСТЬ	Обособленность	*Я прощаю*	Dorado Azuil или Forgiveness	Варолиев мост	**A,B,D**
МЕТАНИЯ	Доверие	*Мной руководит Бог*	Palo Santo	Третий глаз	**A,E**
МНЕ ВСЕ ДОЛЖНЫ	Уважение	*Я считаюсь с людьми*	Lemon	Паращитовидная железа	**A,B,D,G,H**
МСТИТЕЛЬНОСТЬ	*См. Месть*				
МУДРОСТЬ *(боязнь)*	Просвещение	*Смотри страху в глаза*	Ylang Ylang	Гипофиз	**A,E,G,H**
МУЧИМЫЙ	Лелеемый	*Я выхожу за пределы*	Tarragon	Нерв	**C,D,F**
НАВАЖДЕНИЕ	*См. Нехватка*				

ЭМОЦИЯ	ДРУГАЯ СТОРОНА	ВЫХОД	МАСЛО	АКТИВНАЯ ТОЧКА	НА СХЕМЕ
НАДМЕННОСТЬ	Кротость	*Я знаю, кто я есть*	Cedarwood	Гипоталамус, 6-я чакра	**A,E**
НАКАЗАНИЕ *(страх перед ним или самобичевание)*	На подъёме	*Я принимаю истину*	Harmony	Фаллопиевы трубы / семенные пузырьки	**C**
НАПРАВЛЕНИЕ *(отсутствие)*	*См. Прокрастинация*				
НАРУШЕНИЕ ГРАНИЦ	Уважение	*Я уважаю тебя*	Sensation	Матка / Простата	**C**
НАСИЛИЕ	Направление	*Я олицетворяю спокойствие*	Purification	Печень	**C,D,G,H**
НАСМЕШКА	Аплодисменты	*Меня уважают*	Orange	Сухожильные нити	**D**
НЕ ВАЖНЫЙ	*См. Не имеющий значения*				
НЕ ВАЖНЫЙ *(чувство)*	Ценность	*Я беру на себя личную ответственность*	Pine	Слизистая оболочка	**A,C**
НЕ ДОВЕРЯТЬ СЕБЕ	*См. Предательство*				
НЕ ЖЕЛАННЫЙ	Нужный	*Я здесь не случайно*	Roman Chamomile	Аорта	**C**
НЕ ЖЕЛАЮ	*См. Протест*				
НЕ ЗНАЮ, КУДА ИДТИ	*См. Отчаяние*				
НЕ ИМЕЮЩИЙ ЗНАЧЕНИЯ	*См. Не имеющий значения*				
НЕ МОГУ	Могу	*Я принимаю себя целиком*	Transformation	Вирус	**D,E,H**
НЕ ХОЧУ НИЧЕГО УПУСТИТЬ	*См. Страх быть брошенным, Лишённый, Оставленный позади*				
НЕАДЕКВАТНЫЙ	Имеющий силу	*Меня направляет Бог*	Douglas Fir или Idaho Balsam Fir или Idaho Blue Spruce	GV-20	**B**

ЭМОЦИЯ	ДРУГАЯ СТОРОНА	ВЫХОД	МАСЛО	АКТИВНАЯ ТОЧКА	НА СХЕМЕ
НЕБЕЗОПАСНО: - быть собой; - быть в своем теле; - жить в этом мире.	Защищённый	*Я свободен:* *- быть собой;* *- быть в своем теле;* *- жить в этом мире.*	Gratitude	Яичники/ Тестикулы	**C**
НЕБЛАГОДАРНЫЙ	Благодарность	*Я признателен*	Ledum	Селезенка	**D,G,H**
НЕВЕРИЕ	Осведомлённость	*Я связан с Духом*	Sacred Sandalwood или Sandalwood	Третий глаз	**A,E**
НЕВЕРНОЕ ВОСПРИЯТИЕ	Понимание	*Я отпускаю свою точку зрения*	Acceptance	Грибок	**E**
НЕГАТИВНЫЕ/РАЗРОЗНЕННЫЕ МЫСЛИ	Правда	*Я избавляюсь от иллюзий*	Purification	Бактерии	**D**
НЕГИБКИЙ	*См. Жесткость*				
НЕГОДОВАНИЕ	Принятие	*Меня хотят, любят, я цельный*	Lemongrass	Желчный проток	**E**
НЕДЕЕСПОСОБНЫЙ	Имеющий силу	*Я сбалансирован*	Hinoki	Центральная кость крестца	**F**
НЕДОВЕРИЕ	Порядочность	*Я уважаю правду*	Forgiveness	Матка/простата	**C**
НЕДОВЕРИЕ	*См. Осуждение*				
НЕДОВЕРЧИВЫЙ	*См. Осуждение*				
НЕДОВОЛЬСТВО	Благодарность	*Я открываю своё сердце*	Ledum	Магия	**C**
НЕДОПОЛУЧАТЬ	Довольный	*Я удовлетворен*	Copaiba	Желудок	**C,E,G,H**
НЕДОСТАТОЧНО	Изобилие	*Я прошу и принимаю*	Abundance	Центр сердца	**E**
НЕДОСТАТОЧНО ХОРОШ	Принятие	*Я проявляю свои лучшие стороны*	Humility	Перикардий	**E**

ЭМОЦИЯ	ДРУГАЯ СТОРОНА	ВЫХОД	МАСЛО	АКТИВНАЯ ТОЧКА	НА СХЕМЕ
НЕДОСТОИН	*См. Никчёмный*				
НЕДОСТОЙНЫЙ *(чувство)*	Достойный	*Я открываю свое сердце*	Jasmine	Варолиев мост	**A,B,D**
НЕЖЕЛАНИЕ БЫТЬ ЗДЕСЬ	Быть живым	*Я люблю жизнь*	Citrus Fresh	Поджелудочная железа	**C,G,H**
НЕЖЕЛАННЫЙ	*См. Отвержение*				
НЕЗАВЕРШЁННОСТЬ	Прогресс	*Я знаю свою судьбу*	Western или Canadian Red Cedar или Cedarwood	Воля в C5	**B**
НЕЗАЩИЩЕННОСТЬ	Успех	*Я учусь на жизненном опыте*	Acceptance	Подвздошная кишка	**E**
НЕЗНАНИЕ *(страх перед)*	Знание	*Слушай свое сердце*	Sacred Mountain	Шиковидная железа	**B,F,H**
НЕКОМПЕТЕНТНЫЙ	Компетентный	*Я в строю*	Palo Santo	Мозг	**A,B,E,G,H**
НЕМОТИВИРОВАННЫЙ	Сосредоточенный	*Я отзывчив*	Lime	Легкое	**C,G,H**
НЕНАВИСТЬ	Прощение	*Я прощён*	Ledum	Печёночный проток	**E**
НЕНАВИСТЬ К СЕБЕ	*См. Любовь*				
НЕНАДЕЖНОСТЬ (боязнь того, что жизнь ненадежна)	Надежный	*Я себя уважаю*	Lemon	Бессознательное	**B,D**
НЕНУЖНЫЙ	Принятие	*Я ценю себя*	Acceptance	Солнечное сплетение	**D,G**
НЕНУЖНЫЙ	Желанный	*Я в строю*	Sacred Frankincense	Эго	**E,H**
НЕОБОСНОВАННЫЙ	Обоснованный	*Я стабилен*	Australian Blue	Мочевой пузырь	**C,E,G,H**
НЕОПРЕДЕЛЕННЫЙ	Сфокусированный	*Я сосредоточен, мой путь ясен мне*	Thieves	Слюнные железы	**B**
НЕОЦЕНЕННЫЙ	Важный	*Я нацелен*	JuvaFlex	Лёгкое	**C,G,H**
НЕПОДАТЛИВЫЙ	Мотивированный	*Я готов*	Mountain Savory	Печень	**C,D,G,H**

ЭМОЦИЯ	ДРУГАЯ СТОРОНА	ВЫХОД	МАСЛО	АКТИВНАЯ ТОЧКА	НА СХЕМЕ
НЕПОЛНОЦЕННОСТЬ	Добросовестность	*Я реализую свою ценность*	3 Wise Men	Заслонка толстой кишки	**A,E,G**
НЕПОНЯТЫЙ	Поддерживаемый	*Меня поддерживает правда*	Idaho Tansy	Голосовые связки	**A,B,C**
НЕПОРЯДОЧНОСТЬ	Честность	*Мне можно доверять*	Helichrysum	Мозг	**A,B,E,G,H**
НЕПОСЛЕДОВА-ТЕЛЬНОСТЬ	Последовательность	*Я могу доверять себе*	Aroma Siez	Бессознательное	**B,D**
НЕПРАВ	Сведущ	*Я верен своему источнику*	Release	Добавочная доля селезенки	**D**
НЕПРИСПОСОБ-ЛЯЕМОСТЬ	*См. Раздражение*				
НЕПРИЯТИЕ	Принятие	*Я принимаю себя*	Acceptance	Толстый кишечник	**D,G,H**
НЕРЕАЛИЗОВАННЫЙ	Осознание	*Я осознаю, кто я*	Majoram	Затылочный родничок	**B**
НЕРЕАЛИСТИЧНЫЕ ОЖИДАНИЯ	*См. Ожидания*				
НЕРЕШИТЕЛЬНОСТЬ	Сосредоточенность	*У меня есть ясность*	Peace & Calming	Высшая воля в C-3	**B,F**
НЕСЕНИЕ ЧУВСТВ ДРУГИХ ЛЮДЕЙ	*См. Сочувствие*				
НЕСОВМЕСТИМОСТЬ	Реальный	*Я вижу всё крупным планом*	Joy	Ушные раковины	**B**
НЕСПОСОБНОСТЬ ПРО-СТИТЬ	Прощение	*Я благословляю*	Forgiveness	Кровяное давление	**E**
НЕСПРАВЕДЛИВОСТЬ	Решимость	*Я принимаю истину*	Sacred Mountain	Щитовидная железа	**A,C,G,H**
НЕТЕРПИМОСТЬ *(общая)*	Разумный	*Я терпим*	Clary Sage	Токсичная	**E**
НЕУВАЖЕНИЕ	Уважение	*Я свободен от неустойчивости*	Cypress	Вены	**D**
НЕУВЕРЕННЫЙ	В безопасности	*Я уверен*	Mastrante	Варолиев мост	**A,B,D**
НЕУДАЧА	Признание	*Я принимаю рост*	Peppermint	Тимус	**A,C**

ЭМОЦИЯ	ДРУГАЯ СТОРОНА	ВЫХОД	МАСЛО	АКТИВНАЯ ТОЧКА	НА СХЕМЕ
НЕХВАТКА	Вера	*Я верю, что могу измениться*	Ginger	Пейеровы бляшки	**D**
НЕЦЕЛОСТНЫЙ	Единство	*Я цельный*	Rose	Вирус	**D,E,H**
НЕЧЕСТНО	*См. Несправедливость*				
НЕЧЕСТНОСТЬ	Честность	*Я верен себе*	Believe	Селезенка	**D,G,H**
НИКЧЕМНОСТЬ *(ощущение)*	Одобрение	*Я ценен*	Frankincense	Дёсны, зубы	**B,E**
ОБДЕЛЁННЫЙ	Довольный	*Я удовлетворён*	JuvaFlex или Birch	Суставы и хрящи	**E**
ОБЕСКУРАЖЕННЫЙ	Защищённый	*Я получаю*	Australian Kuraniya	Спинномозговая жидкость	**B**
ОБИДА	Творчество	*Я ценен*	Live with Passion	Творческая энергия	**F**
ОБМАНУТЫЙ	*См. Лишенный*				
ОБМАНУТЫЙ	Видение	*Я всё ясно вижу*	Ravensara или Ravintsara	Глаз/Мозг на затылочной кости	**B,F**
ОБОЗЛЁННЫЙ	*См. Гнев*				
ОБОРОНИТЕЛЬНАЯ ПОЗА	Восприимчивый	*Я открыт*	Valor	Желудок	**C,E,G,H**
ОБРЕЧЕННОСТЬ	Внутреннее направление	*Я ответственный*	Valor	Диафрагма	**C,G**
ОБРЕЧЁННЫЙ	Освобождённый	*Прощаю*	Exodus II	Солнечное сплетение	**D,G**
ОБРУШИТЬСЯ С КРИТИКОЙ	Осмотрительность	*Я преисполнен правдой*	Clove	Язык	**B**
ОБЯЗАТЕЛЬСТВА	Энтузиазм	*Я горю энтузиазмом*	Cinnamon Bark	Гипоталамус	**A,E**
ОГРАНИЧЕНИЕ	Мобильность	*Я открыт новому*	Legacy или Peppermint	Костный мозг	**B,F**
ОГРАНИЧЕНИЯ	Сила	*Я принимаю себя полностью*	Transformation	Жизненная энергия	**E**

ЭМОЦИЯ	ДРУГАЯ СТОРОНА	ВЫХОД	МАСЛО	АКТИВНАЯ ТОЧКА	НА СХЕМЕ
ОГРАНИЧЕННОСТЬ	Свобода	*Я позволяю себе видеть*	Envision	Интуиция	**E**
ОГРАНИЧЕННЫЙ	Освобождение	*Я хочу измениться*	Into the Future	Инфекция	**B,F**
ОДИНОК	В союзе	*Да соберутся здесь все*	Purification	Эндостатин	**B**
ОДИНОЧЕСТВО	Принятие всего, что есть	*Я принимаю всё*	Aroma life	Защита сердца	**D**
ОДИНОЧЕСТВО	Связь со всем сущим	*Я иду в зону любви*	White Angelica	Сердце	**B,C,H**
ОДОБРЕНИЕ	*См. Отвержение*				
ОЖИДАНИЯ	Ценить	*Я целостный*	SARA	Мочевой пузырь, 2-я чакра	**C,E,G,H**
ОЗЛОБЛЕННОСТЬ	*См. Негодование*				
ОСКОРБЛЕНИЕ	Пестование	*Я заслуживаю любви*	SARA	Клеточная память	**D,H**
ОСКОРБЛЕННЫЙ	Смирение	*Я отделяюсь*	Humility или Ocotea	Эго	**E,H**
ОСЛЕПЛЕНИЕ	Осведомлённость	*Я внимателен*	Rosewood	Височная кость, сосцевидная часть	**B**
ОСТАВЛЕННЫЙ	*См. Страх быть брошенным*				
ОСТАНОВКА	Творчество	*Я бодр и энергичен*	Patchouli	Целостность мозга	**B,F**
ОСТОЛБЕНЕВШИЙ	Гармония	*Я обособляюсь*	Roman Chamomile	Шейка матки / пенис	**C**
ОСУЖДЕНИЕ	Уважение	*Я всё хорошо понимаю*	Joy	Солнечное сплетение	**D,G**
ОТВЕРЖЕНИЕ	Принятие	*Я принимаю свою сущность*	Purification	Лёгкое	**C,G,H**
ОТВЕРЖЕННЫЙ	*См. Порабощенный*				

ЭМОЦИЯ	ДРУГАЯ СТОРОНА	ВЫХОД	МАСЛО	АКТИВНАЯ ТОЧКА	НА СХЕМЕ
ОТВЕТСТВЕННОСТЬ	*См. Контроль*				
ОТВРАЩЕНИЕ К СЕБЕ	*См. Любовь*				
ОТДЕЛЕННЫЙ	Полнота	*Я связан с____*	Idaho Balsam Fir	Темя, 8-я чакра	**B,C,F**
ОТПУСТИТЬ	Счастье	*Я отпускаю на волю Божью или Я отпускаю и даю спокойно жить*	Sage	Мочевой пузырь	**C,E,G,H**
ОТРЕЧЕНИЕ	Мудрость	*Я поддерживаю себя*	Forgiveness	C_1	**B,F**
ОТРИЦАНИЕ	Принятие	*Я признаю*	Endoflex	Зрение	**B**
ОТСТАВШИЙ	Движение	*Я свободен идти вперед*	Lemon	Лимфа	**C**
ОТСУТСТВИЕ ПОДДЕРЖКИ *(чувство)*	В безопасности	*Я беру на себя ответственность*	JuvaFlex, Birch, Idaho Balsam Fir или Wintergreen	Связки	**F,H**
ОТСУТСТВИЕ ПРОГРЕССА	*См. Не имеющий значения*				
ОТЧАЯНИЕ	Достоинство	*Я открыт для наставлений*	3 Wise Men	Диафрагма	**C,G**
ОТЧУЖДЕНИЕ	Взаимодействие	*Я подсоединяюсь к источнику*	Northern Lights Black Spruce	Защита сердца	**D**
ОТЧУЖДЕННЫЙ	На связи	*Я открыт*	Spikenard или Melissa	Сухожильные нити	**D**
ОШЕЛОМЛЕННЫЙ	Видение	*Я фокусирую энергию*	Envision	Зрение	**B**
ПАНИКА	Безмятежность	*Я спокоен и чувствую мир*	Trauma Life	Кровяное давление	**E**
ПАРАНОЙЯ	Покорность судьбе	*Я доверяю*	Surrender	Пищевод	**E,G**
ПЕРЕМЕНЧИВОСТЬ НАСТРОЕНИЯ	Стабильный	*Меня хотят и любят*	Peace & Calming	Гормон	**A,E**

ЭМОЦИЯ	ДРУГАЯ СТОРОНА	ВЫХОД	МАСЛО	АКТИВНАЯ ТОЧКА	НА СХЕМЕ
ПЕРЕМЕНЫ (*сопротивление*)	Стойкость	*Я учусь на всём, что преподносит мне жизнь*	Present Time	Прямая кишка	**E,G**
ПЕЧАЛЬ	Мир	*Я уравновешен*	Acceptance	Бронхиальная область	**C,G**
ПЛОХО (*чувство*)	Перемена	*Я созидаю*	Gathering	Почка	**D,G,H**
ПОДАВЛЕНИЕ	Творчество	*Меняю свое восприятие*	Clarity	Яичники/яички	**C**
ПОДАВЛЕНИЕ	Гармония	*Я выражаю свою суть*	Juniper	Почка	**D,G,H**
ПОДАВЛЕННОСТЬ	*См. Идентичность*				
ПОДАВЛЕННЫЕ ИЛИ ЗАЖАТЫЕ ЭМОЦИИ	Выговориться	*Меня хотят и любят*	Present Time	Сигмовидная кишка	**E,G**
ПОДАВЛЕННЫЕ ЭМОЦИИ	Защищённость	*Воспоминания не ранят*	Eucalyptus Blue	Глаз/мозг в затылочной части	**B,F**
ПОДОЗРИТЕЛЬНЫЙ	Честный	*Я в безопасности*	Marjoram	Ядра шва	**B,F**
ПОКИНУТЫЙ	Внутреннее направление	*Я на связи со всеми*	Inner Child	РНК	**B**
ПОРАБОЩЁННЫЙ	Освобождение	*Я освобождён*	Gathering	Мягкие мозговые оболочки	**B,F**
ПОРУГАНИЕ	Уважение	*Я самодостаточен*	Dill	Головка поджелудочной железы	**C,E**
ПОРЯДОЧНОСТЬ	*См. Нецелостный*				
ПОСЛЕДСТВИЯ	*См. Вина*				
ПОТЕРЯ СЕБЯ	Уникальность	*Я уникален*	Journey On	Яичники/тестикулы	**C**
ПОТРЕБНОСТЬ В ОДОБРЕНИИ ОКРУЖАЮЩИХ	Блаженство	*Я блаженствую*	Bergamot	Гормон	**A,E**
ПРАВДА (*страх услышать*)	Слушать Дух/Бога	*Я доверяю*	Helichrysum	Евстахиева труба	**B,G**
ПРЕВОСХОДСТВО, ЛУЧШЕ ЧЕМ	*См. Недостаточно хорош*				
ПРЕДАТЕЛЬСТВО (*страх*)	*См. Предавать себя*				
ПРЕЗРЕНИЕ	Уважение	*Я уважаю*	Galanium или Gratitude	Илеоцекальный клапан	**A, E, G**

ЭМОЦИЯ	ДРУГАЯ СТОРОНА	ВЫХОД	МАСЛО	АКТИВНАЯ ТОЧКА	НА СХЕМЕ
ПРЕНЕБРЕГАТЬ/ БЫТЬ ПРЕНЕБРЕГАЕМЫМ	*См. Недостаточно хорош*				
ПРИВЕРЖЕННОСТЬ	Проявление себя	*Я свободен*	Transformation	Эго	**E**
ПРИВЯЗАННОСТЬ	Связь	*У меня есть перспектива*	Envision	Зрение	**B,F**
ПРИЗНАНИЕ	Свобода	*Нет ничего опасного в том, что тебя видят*	Purification	Фильтрующий слой	**B,F**
ПРИНИЖАЕМЫЙ	Признанный	*Я вижу себя*	Lime	Зрение	**B**
ПРИНЯТИЕ	Отвержение	*Меня могут принять*	SARA	Эмоции	**A**
ПРОЗРЕНИЕ	Осведомленность	*Видеть безопасно*	Purification	Глаз (только на ладони и ступни)	**G,H**
ПРОИГРАТЬ *(сражение)*	Рост	*Я понимаю*	Valor или Valor II	Материальное тело	**A**
ПРОКРАСТИНАЦИЯ *(отсутствие направления)*	Действие	*Я действую*	Lemon Myrtle	Толстый кишечник	**D,G,H**
ПРОНИЦАТЕЛЬНОСТЬ	*См. Осуждение*				
ПРОТЕСТ	Открытость	*Я человек со всеми присущими ему чертами*	Release	Макушка головы, 7-я чакра	**B,C,F**
ПРОШЛОЕ *(боязнь повторения)*	Осознанность	*Я учусь на жизненном опыте*	Forgiveness	Желчный пузырь	**C,G,H**
ПРОЯВЛЕНИЕ	Отвержение	*Я выражаю*	Dream Catcher	Гортань	**A,C**
ПСИХИЧЕСКАЯ АТАКА	Гармония	*Я уравновешен*	Northern Lights Black Spruce	Фильтр	**B,F**
ПУСТОТА	*См. Замешательство*				
ПУСТОТА	*См. Замешательство*				
ПУСТОТА *(чувство)*	Полнота	*Я наполнен*	Lemon	Грудь	**D,E**
РАБ	*См. Порабощенный*				
РАБСТВО *(страх)*	Свобода	*Я себе нравлюсь*	Eucalyptus Globulus	Околоушная железа	**B**

ЭМОЦИЯ	ДРУГАЯ СТОРОНА	ВЫХОД	МАСЛО	АКТИВНАЯ ТОЧКА	НА СХЕМЕ
РАВНОВЕСИЕ	*См. Контроль*				
РАЗБИТЫЙ	Расширение	*Я поднимаюсь*	Harmony	Кровь	**C**
РАЗДРАЖЕНИЕ	Блаженство	*Меня переполняет блаженство*	Cinnamon Bark	Головка поджелудочной железы	**C,E**
РАЗДРАЖЕНИЕ	Приспособляемость	*Я гибок*	Melrose	Иммунная система	**C**
РАЗДРАЖЁННОСТЬ	Счастье	*Я расслабляюсь*	Highest Potential	Мужество	**E**
РАЗОБЩЁННОСТЬ	Целостность	*Я связан с другими*	German Chamomile	Душа (C2)	**B,F**
РАЗОБЩЁННЫЙ	Защищённый	*Я на связи*	Marjoram	Пупок/Дрожжевой гриб	**C,D**
РАЗОЧАРОВАНИЕ	Свобода	*Я доверяю своему видению*	Joy	Бронхи	**C,G**
РАЗРЫВ* (страх перед)	Устойчивый	*Я могу выстоять в одиночку*	Lemon	Позвоночник	**B,F,H**
РАЗУВЕРИВШИЙСЯ	Реальная ценность	*Я вижу и понимаю реальность*	Di-Gize или Di-Tone	Аппендикс	**D,H**
РАЗУМ (сверхактивный или напряжённый)	Спокойствие	*Я позволяю*	Vetiver	Теменной глаз	**B**
РАЗЪЯРЁННЫЙ	Комфорт	*Я возглавляю*	Dragon Time	Кора надпочечника	**D**
РАСКВИТАТЬСЯ	Свершение	*Я реализовываю свой потенциал*	Highest Potential	Щитовидная железа	**A,C,G,H**
РАСКРЫТИЕ (страх)	Открытость	*Я разрешаю себе двигаться*	Lavender	Ядра шва	**B,F**
РАСПЛАТА	*См. Месть*				
РАССЕЯННАЯ ЭНЕРГИЯ	Гармония	*Я уравновешен*	Inner Child	Двенадцатиперстная кишка	**E**
РАССЕЯННЫЙ	Собранный	*Я собран*	Idaho Balsam Fir	Центр сердца или Третий глаз	**E**
РАСТЕРЯННЫЙ	*См. Забвение*				
РАСТОПТАННЫЙ	*См. Недостаточно хорош*				
РЕВНОСТЬ	*См. Отставший*				

---

* *Под разрывом имеется в виду отсутствие связи с внутренней силой; под состоянием «устойчивый» имеется в виду поддержка со стороны Высшей Силы; установка «я могу выстоять в одиночку» призвана избавить вас от иллюзии, что внешний мир вас поддерживает.*

ЭМОЦИЯ	ДРУГАЯ СТОРОНА	ВЫХОД	МАСЛО	АКТИВНАЯ ТОЧКА	НА СХЕМЕ
РЕШИМОСТЬ	Экспансия	*Я становлюсь осознаннее*	White Angelica	Поперечные волокна	**B,F**
САБОТАЖ (*личный или со стороны других*)	Восстанавливать	*Я отпускаю старые шаблоны*	Rosemary	Locus Ceruleus	**B,F**
САМОБИЧЕВАНИЕ	*См. Наказание*				
САМОПОЖЕРТВОВАНИЕ	Понимание	*Я дохожу до глубины (сути вопроса)*	ImmuPower	Спинномозговая жидкость	**B**
САМОРАЗРУШАЮЩИЙ	Ценящий себя	*Я уважаю себя*	Melaleuca Quinquenervia	Locus Ceruleus	
САМОРЕАЛИЗАЦИЯ	*См. Нереализованный*				
САРКАЗМ	Гармония	*Я гармоничен*	Harmony	Мозг	**A,B,E,G,H**
СВОДИТЬ СЧЁТЫ	*См. Месть*				
СВЯЗЬ	*См. Изоляция*				
СВЯЗЬ МЕЖДУ РАЗНЫМИ АСПЕКТАМИ	Целостность	*Я цельный*	Awaken	Сакральная дверь	**F**
СДАТЬСЯ, или В чём смысл?, или Переживать эмоции, или Кому это надо?	*См. Недостаточно хорош и/или Не имеющий значения*				
СДЕРЖИВАТЬ (*общий поток*)	Очистка канала	*Я совершенен во времени*	Release	Трахея	**A,B,C**
СКЕПТИЦИЗМ	Уверенность	*Я передаю*	Idaho Tansy	Костный мозг	**D**
СКОВАННОСТЬ	Мотивированный	*Я вдохновлён*	Inspiration	Спинной мозг	**B,F**
СКОМПРОМЕТИРОВАТЬ СЕБЯ	Правда	*Я говорю правду*	Sacred Mountain	Душа	**B,F**
СКОНФУЖЕННЫЙ	Принятие	*Я не одинок*	Acceptance	Гипоталамус	**A,E**
СКУДОСТЬ	Изобилие	*Я в общем потоке*	Abundance	Выступ гортани	**A,C**
СКУКА	Направление	*Я связан со своей целью*	Grounding	Паразиты	**D**
СЛАБОВОЛЬНЫЙ	Направление	*Я сфокусирован*	Citronella	Позвоночник	**B,F,H**
				Родничок	**B**
				Сердечная мышца	**C**
СЛАБОСТЬ	Защита	*Я собран*	White Angelica	Нерв	
				Фильтрующий слой	**C,D,F** **B,F**

ЭМОЦИЯ	ДРУГАЯ СТОРОНА	ВЫХОД	МАСЛО	АКТИВНАЯ ТОЧКА	НА СХЕМЕ
СЛАБОСТЬ *(кажущаяся)*	Непобедимый	*Я свободен*	Valor или Valor II	Яичники/яички	**C**
СЛЕДУЕТ	Спонтанный	*Меня направляют*	Lemongrass	Сухожилие	**B,F**
СЛЕПОТА	Свет	*Я полон уверенности*	Hope	Глазная лимфа	**A**
СЛОМЛЕННЫЙ	Уважаемый	*Жизнь меня поддерживает*	Tsuga	ЦНС/Лимфа	**A,B,C**
СЛУЖИ МНЕ	*См. Мне все должны*				
СМЕРТЬ/ЖИЗНЬ *(страх)*	Жизнь	*Я успешен*	Helichrysum	Артерии	**B,D**
СМУЩЕНИЕ	*См. Недостаточно хорош*				
СМЯТЕНИЕ	Благодарность	*Я соглашаюсь*	Grapefruit	Сухожильные нити	**D**
СОБСТВЕННИЧЕСТВО	Делиться	*Я выражаю*	Ylang Ylang	Выступ гортани, 5-я чакра	**A,C**
СОЖАЛЕНИЕ/УГРЫЗЕНИЯ СОВЕСТИ	Довольный	*Я понимаю этот опыт*	Lemon	Миндалевидная железа	**B,D,H**
СОЗАВИСИМОСТЬ	Взаимозависимость	*Жизнь меня поддерживает*	Royal Hawaiian Sandalwood или Sandalwood	Встроенные чувства	**A,B,E**
СОЗНАНИЕ *(смещение)*	Принятие личной ответственности	*Я меняюсь*	Laurus Nobilis или White Angelica	Аорта	**A,C**
СОМНЕНИЕ	*См. Выживание*				
СОМНЕНИЕ В СЕБЕ	*См. Выживание и/ или Бессильный*				
СОПЕРНИЧЕСТВО	Рост	*Я преуспеваю*	Dream Catcher	Клапаны лимфатических сосудов	**C**
СОПРОТИВЛЕНИЕ *(страх движения)*	Открытость	*Я приветствую перемены*	Surrender	Нёбная миндалина	**A,C**
СОЧУВСТВИЕ	Участливость	*Я отпускаю и доверяюсь Богу*	White Angelica	Солнечное сплетение	**D,G**
СПАСАТЕЛЬ	Перерождение	*Уповаю на свои силы*	Cistus (Rose of Sharon)	Энергетический канал	**C**
СПОР *(любовь к)*	Уважение	*Я сочувствую себе и окружающим*	Highest Potential	Малая кишка	**E,F,G,H**

ЭМОЦИЯ	ДРУГАЯ СТОРОНА	ВЫХОД	МАСЛО	АКТИВНАЯ ТОЧКА	НА СХЕМЕ
СПРАВИТЬСЯ (неспособность)	Жить	*Я исхожу из своих сил*	Valor	Белые кровяные тельца	**F**
СТРАХ	Осознание / вера (Смирись)	*Смотрю в лицо неизвестности*	Royal Hawaiian Sandalwood или Sandalwood	Третий глаз	**A,E**
СТРАХ БЫТЬ БРОШЕННЫМ	Единение	*Я принимаю всё, что случается в жизни*	Lavender	Малый кишечник	**E,F,G,H**
СТРАХ ПЕРЕД МИРОМ	Принятие мира	*Я в безопасности*	Myrrh	Надпочечник	**D,G,H**
СТРЕМЛЕНИЕ	Принятие	*Я принимаю*	Exodus II	Сердечная мышца	**C**
СТРЕСС (физический)	Забава	*Жизнь увлекательна*	Eucalyptus Radiata	Плевра	**C**
СТРЕСС (эмоциональный)	Гармония	*Я понимаю*	Clarity	Целостность мозга	**B,F**
СТЫД	Понимание	*Я учусь на жизненном опыте*	White Angelica	Гипоталамус	**A,E**
ТОКСИЧНОСТЬ (химическая, электромагнитная, эмоциональная)	Трансформация	*Заполнить пустоту*	Legacy или Oregano*	Соединительная ткань	**B**
ТОСКА	Ликование	*Я хочу принять правду*	Palo Santo	Сердце	**B,G,H**
ТРАВМА	Исцеление	*Я учусь*	Melrose	Надкостница	**E,F**
ТРАВМА	Рост	*Рост безопасен*	Relieve it	Сухожильные нити	**D**
ТРЕВОГА	Уверенность	*Я спокоен, в моей душе мир*	Joy	Капилляры	**D**
ТРЕТИРУЕМЫЙ	См. Жертва				
ТРУДНОСТЬ	Знающий	*Я двигаюсь вместе с жизнью*	Legacy или Myrrh	Задняя верхняя подвздошная кость	**F**
УВАЖЕНИЕ (отсутствие)	Честь	*Я позволяю себе быть настоящим*	Hope	Чувственное восприятие	**A**
УГНЕТЕННЫЙ	Вдохновленный	*Я обновлен и снова в строю*	Longevity	Вибрация	**D**

** Масло Oregano (Орегано) может вызывать раздражение чувствительной кожи, особенно на лбу. Добавьте растительное масло к капле на ладони перед тем, как наносить на лоб, или просто дотроньтесь до точек на лбу без нанесения масла.*

ЭМОЦИЯ	ДРУГАЯ СТОРОНА	ВЫХОД	МАСЛО	АКТИВНАЯ ТОЧКА	НА СХЕМЕ
УГНЕТЕННЫЙ	Свободный	*Я следую за своей мечтой*	Build Your Dream	Сухожильные нити	**D**
УДУШЕННЫЙ	*См. Задыхающийся*				
УЖАС	Страсть	*Я принимаю свою суть*	Sandalwood или Live w/ Passion	Артерии	**B,D**
УЖАС	Безопасность	*Я покоряюсь*	Onycha или Cedarwood	Брюшина	**C**
УКРАДКОЙ	Прямой	*У меня чистый и ясный ум*	Thieves	Общий желчный проток	**C,H**
УНИЖЕНИЕ	Честь	*Во мне есть божественные черты*	Magnify Your Purpose	Кожа	**F**
УНИЖЕННЫЙ	Лелеемый	*Я настаиваю на своём*	Pine	Белые кровяные тельца	**F**
УНИЧТОЖЕНИЕ	*См. Забвение*				
УПРЯМЫЙ	Гибкий	*Я объективен*	Chivalry или Harmony	Желудок	**C,E,G,H**
УПУЩЕНИЕ *(нежелание что-либо упустить)*	*См. Лишённый и/или Страх быть брошенным и/или Отставший*				
УСЛУЖЛИВОСТЬ	Ответственность	*Преображаюсь*	Exodus II	Магия	**C**
УСЛЫШАТЬ *(страх)*	Признание	*У меня есть сила, чтобы смотреть в лицо реальности*	Sacred Mountain	Внутреннее ухо	**B,H**
УСПЕХ *(страх)*	Принятие	*Я принимаю осознанность*	Release	Толстый кишечник	**D,G,H**
УСТАВШИЙ	Омолодившийся	*Я обновляюсь*	Humility	Проток поджелудочной железы	**E**
УСТАЛОСТЬ	Пламенеющий	*Я в строю*	Inspiration	Жизненная сила	**F**
УТАИВАНИЕ	*См. Стыд*				

ЭМОЦИЯ	ДРУГАЯ СТОРОНА	ВЫХОД	МАСЛО	АКТИВНАЯ ТОЧКА	НА СХЕМЕ
УТРАТА	Обретение	*Я позволяю себе отдавать и получать*	Present Time	Височно-нижнечелюстной сустав	**B**
УТРАТА СЕБЯ	Целеустремлённость	*Я не забываю о своей цели*	Release	Матка/Простата	**C**
УЯЗВИМЫЙ	Цельный	*Я в единстве со всем сущим*	Oregano*	Ретикулярная активирующая система	**B,F**
ФРУСТРАЦИЯ	Свершение	*Я выхожу за свои границы*	Lemon	Общий желчный проток	**C,H**
ХАОС	*См. Забвение*				
ХУЖЕ, ЧЕМ НУЖНО	Делиться	*Я соответствую*	Humility	Костный мозг	**B,F**
ЦЕЛЬ *(невыполнение)*	Торжество	*Я торжествую*	Vetiver	Гипофиз	**A,E,G,H**
ЦИНИЗМ	Понимание	*Я принимаю правду*	Transformation	Малый кишечник	**E,F,G,H**
ЧЁРНАЯ ДЫРА *(ощущение)*	Ясность	*Я окружён надёжными людьми и защищён*	Pepper, Black	Височная кость, сосцевидная часть	**B**
ЧРЕЗМЕРНАЯ БДИТЕЛЬНОСТЬ	*См. Паранойя*				
ЧТО СО МНОЙ НЕ ТАК	*См. Недостаточно хорош*				
ЧУВСТВО ВИНЫ	*См. Сожаление / угрызения совести*				
ЧУВСТВО СОБСТВЕННОГО ДОСТОИНСТВА *(низкое)*	*См. Бессильный*				
ШОК	Собранность	*Я в строю*	Melissa	Третий глаз	**A,E**
ЭГОИСТИЧНЫЙ	В безопасности	*Я уверен*	Xiang Mao	Макушка головы	**B,C,F**
ЭГОЦЕНТРИЧНЫЙ	Уважение	*Я уравновешен*	Geranium	Зрение	**B,F**
ЭКСПАНСИЯ	Ограничение	*Я допускаю перемены*	Awaken	Душевная целостность	**B**

---

* *Масло Oregano (Орегано) может вызывать раздражение чувствительной кожи, особенно на лбу. Добавьте растительное масло к капле на ладони перед тем, как наносить на лоб, или просто дотроньтесь до точек на лбу без нанесения масла.*

ЭМОЦИЯ	ДРУГАЯ СТОРОНА	ВЫХОД	МАСЛО	АКТИВНАЯ ТОЧКА	НА СХЕМЕ
ЭМОЦИИ *(страх)*	Чувство	*Я отпускаю и разрешаю*	PanAway	Фасция	**Е,Н**
ЭМОЦИОНАЛЬНО ВЗЛО-МАН	*См. Манипуляция*				
ЭМОЦИОНАЛЬНЫЕ ГРАНИЦЫ	*См. Скомпрометировать себя*				
ЯЗЫК ПРОГЛОТИЛ	Действую по своему усмотрению	*Я выбираю свой путь*	Carrot Seed	Яичники / яички	**С**
ЯРОСТЬ	*См. Насилие*				

ЧАКРЫ или ЭНЕРГЕТИЧЕСКИЕ ЦЕНТРЫ

Мое намерение – вернуть свои тело, разум и дух в состояние совершенства.

ЭМОЦИЯ	ДРУГАЯ СТОРОНА	ВЫХОД	МАСЛО	АКТИВНАЯ ТОЧКА	СХЕМА
ОТДЕЛЕННЫЙ	Совершенный	*Я соединен со Святым Духом, Богом и со всем сущим*	Idaho Balsam Fir	20 см выше венчика, 8-я чакра	
ПРОТЕСТ	Единение	*Я един со всем сущим*	Release	Макушка, 7-я чакра	B,C,F
НАДМЕННОСТЬ	Кротость	*Я знаю, кто я*	Cedarwood	Гипоталамус, 6-я чакра	A,E
СОБСТВЕННИЧЕСТВО	Желание делиться	*Я выражаю*	Ylang Ylang	Выступ гортани, 5-я чакра	A,C
ЖАДНОСТЬ	Дарение	*У меня достаточно всего*	White Angelica	Сердечная мышца, 4-я чакра	C
МАССОВОЕ СОЗНАНИЕ (быть частью)	Проявление сознания Христова	*Я сознаю*	Sacred Mountain	Солнечное сплетение, 3-я чакра	D,G
ОЖИДАНИЯ	Благодарность	*Я цельный*	SARA	Мочевой пузырь, 2-я чакра	C,E,G
ВЫЖИВАНИЕ	Единство	*Я в единстве со всем сущим*	Cedarwood или Canadian или Western Red Cedar	Шейка матки / Пенис, 1-я чакра	C

Чакры, или энергетические центры

Чакры — это энергетические центры, расположенные вдоль срединной линии тела на передней и задней стороне туловища. Первая чакра расположена в районе копчика, а седьмая чакра – на темени, остальные находятся между ними.

Эмоции проявляются и принимаются посредством передачи энергии через чакры. После того, как эмоции формируются в нашем энергетическом поле или принимаются в него, они движутся через всё тело по меридианной системе энергетических каналов, питающих железы, органы и системы организма. Эмоции, подобно секторам тела, имеют конкретные вибрационные частоты и накапливаются в областях с одинаковой частотой. Поэтому некоторые эмоции связываются с определенными участками тела — дело в том, что существует конкретная связь между чакрами и системой меридианов.

ГАРМОНИЯ ЧАКР

Интонирование вносит ещё одно измерение в очищение чакр; оно помогает не только очистить чакры, но и сбалансировать их, а также усилить положительную энергию. Интонирование может использоваться для избавления от депрессии, врачевания разума и тела и достижения целей. Для интонирования используются гласные звуки, пропеваемые на определённых нотах.

Лучше всего будет сначала очистить все чакры на всех уровнях, начав с первой, или корневой, чакры и продвигаясь вверх. Последней нужно очистить восьмую чакру, основание которой находится на 20 см выше макушки.

Для начала нанесите каплю используемого для первой чакры масла — Cedarwood, Canadian Cedar или Western Red Cedar, — на ладонь левой руки (если вы правша). Затем разотрите каплю три раза по часовой стрелке, чтобы активировать масло. Затем нанесите масло на точку чакры — в данном случае на лонную кость, — эмоциональные точки на лбу, макушке, позвоночнике (точку освобождения), а также на обе точки фильтрующего слоя. Затем вдохните запах масла, прочувствуйте обе стороны эмоции и произнесите установку «выхода».   Сыграйте ноту до и пропойте гласный звук «У» — кстати, так древние называли Бога. Сделайте глубокий очищающий вдох и выдох, высвобождая всю заблокированную энергию. Вдохните масло, прочувствуйте обе стороны эмоции и произнесите установку. Сыграйте ноту и интонируйте гласный звук, а в конце ещё раз сделайте расслабляющие, очищающие вдох и выдох. Повторите эту процедуру третий раз, чтобы очистить все три энергетических слоя,

исходящих от физического тела. Первый слой относится к здоровью, или материальному телу; он содержит энергетические резервы, которые вы храните для себя. Обычно этот слой лучше всего ощущается на расстоянии приблизительно 4 дюйма (10 см) от тела. Второй слой — эмоциональный, и в нём сосредоточена энергия, которую мы оставили для других людей. Он находится на расстоянии около 8 дюймов (20 см) от тела. Третий слой связан с ментальным телом и находится на расстоянии около 12 дюймов (30 см) от тела. Три аспекта интонирования, звука, слуха и высвобождения энергии соответствуют разуму, телу и духу, тем самым поддерживая и усиливая их функции, рост и развитие.

Чтобы очистить все три слоя со стороны спины, повторите процедуру, интонируя до-диез вместо до трижды. У третьей, седьмой и восьмой чакр только одна нота (без диеза), поэтому интонирование производится только три раза для сброса передней и задней чакр.

В начале дня очистите все чакры маслами, а интонирование станет прекрасным способом выровнять энергетическое поле и расслабиться перед сном. Вы можете использовать видео Chakra Harmony как для активной работы над энергетикой, так и в качестве фона, для успокоения и выравнивания энергетического фона.

Для ускорения процесса проверьте каждую чакру и проработайте только те, которые вышли из равновесия. Самая мощная чакра — восьмая, поскольку она влияет на третий слой, внешнее энергетическое тело, связывая воедино все чакры и энергии. Проинтонируйте трижды для исправления, проводя рукой от темени головы по бокам, сзади и спереди от тела, очищая своё энергетическое поле и запечатывая ауру своим намерением. Проверьте чакры ещё раз, чтобы удостовериться в исправлении и понять, что ещё нужно скорректировать. Усиление восьмой чакры сбалансирует вашу энергию на весь день и позволит вам подходить к миру с чистым полем, привлекая желания своего сердца. На следующей странице приведен перечень чакр с соответствующими нотами и гласными звуками. Обе стороны эмоции и «выход» объединены в одну установку. Таким же образом вы можете связать и другие эмоции.

СИСТЕМА ИНТОНИРОВАНИЯ ДЛЯ ГАРМОНИИ ЧАКР

ПЕРВАЯ ЧАКРА, КОРНЕВАЯ

Масло: Western или Canadian Red Cedar   Местоположение: лобковая кость
Нота: C и C# первой октавы   Гласный звук: У
Я един со всем сущим, и это позволяет мне сдвинуться от **выживания** к **единству**.

ВТОРАЯ ЧАКРА, ТВОРЧЕСКАЯ

Масло: SARA   Местоположение: Желчный пузырь   Нота: D, D#   Гласный звук: О
Я цельный, и это позволяет мне отпустить **ожидания** и сдвинуться к **благодарности**.

ТРЕТЬЯ ЧАКРА — СОЛНЕЧНОЕ СПЛЕТЕНИЕ

Масло: Sacred Mountain   Местоположение: Солнечное сплетение   Нота: E   Гласный звук: А
Я сознателен, и это позволяет мне сдвинуться от **массового сознания** к **сознанию Христову.**

ЧЕТВЁРТАЯ ЧАКРА — СЕРДЦЕ

Масло: White Angelica   Местоположение: Сердце   Нота: F, F#   Гласный звук: А
Мне достаточно всего, и это позволяет мне отпустить **зависть** и свободно **отдавать.**

ПЯТАЯ ЧАКРА — ГОРЛО

Масло: Ylang Ylang   Местоположение: Горло   Нота: G, G#   Гласный звук: И
Я выражаю себя, и это позволяет мне отпустить **собственничество** и свободно **делиться.**

ШЕСТАЯ ЧАКРА — ТРЕТИЙ ГЛАЗ

Масло: Cedarwood   Местоположение: Третий глаз   Нота: A, A#   Гласный звук: Э
Я знаю, кто я есть, и это позволяет мне отпустить **тщеславие** и принять **кротость.**

СЕДЬМАЯ ЧАКРА — МАКУШКА

Масло: Release   Местоположение: Макушка   Нота: B   Гласный звук: Э
Я един со всем сущим, и это позволяет мне отпустить **протест** и почувствовать **целостность.**

ВОСЬМАЯ ЧАКРА — ЗВЕЗДА

Масло: Idaho Balsam Fir   Местоположение: на 20 см выше макушки   Нота: C второй октавы
Гласный звук: У
Моё намерение — вернуть свои тело, разум и дух в состояние совершенства..

СБРОС ЭМОЦИОНАЛЬНЫХ ШАБЛОНОВ

> *Видеоролик, демонстрирующий процесс сброса эмоциональных ша-*
> *блонов с помощью эфирных масел, можно найти на нашем*
> *веб-сайте:*
>
> ### *www.bodytype.com/video/videos*

Для изменения эмоционального шаблона нужно определить эмоцию, понять шаблон, осознать другую сторону чувства и усвоить урок. Пока вы не начнёте учиться на собственном опыте, вы будете и дальше попадать в одни и те же ситуации. Как только вы научимся сдвигаться из заблокированного чувства, вы обретёте свободу.

Исправление шаблона в клеточной памяти включает осознание на всех уровнях: умственном, эмоциональном, духовном и телесном. До тех пор, пока условный рефлекс, подобный рефлексам собак Павлова, не будет выведен из организма на телесном и эмоциональном уровне, прежнее поведение будет продолжаться. На уровне тела шаблон можно сбросить, получая доступ к эмоциям через активные точки, а на уровне лимбической системы мозга — с помощью запахов.

Эмоции высвобождаются, если прочувствовать обе их стороны — как отрицательную, так и положительную. Вы будете вспоминать множество похожих ситуаций из прошлого; многие из них можно отпустить, просто признав их.

Признание превращается в осознание (умственное и духовное) благодаря определении эмоции и другой её стороны, а также последующему усвоению урока и нахождению выхода.

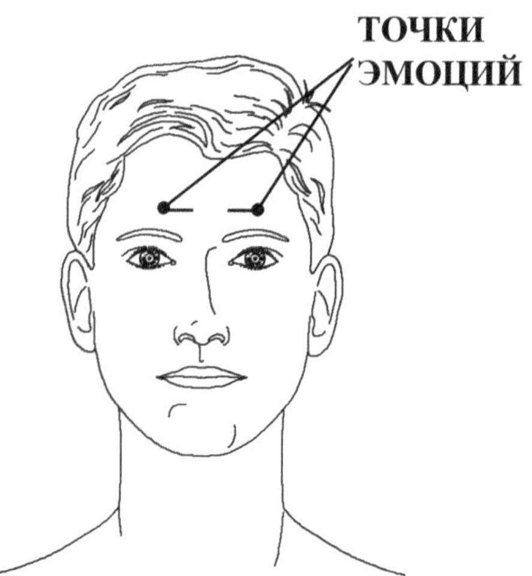

Процедура сброса

1. Выявите и **ПРОЧУВСТВУЙТЕ** ЭМОЦИЮ.

2. Вдохните аромат соответствующего МАСЛА, вбирая его в клетки тела.

3. **ПРОЧУВСТВУЙТЕ** ДРУГУЮ СТОРОНУ эмоции.

4. Нанесите масло на АКТИВНЫЕ ТОЧКИ.

5. Нанесите масло на лобные бугры или просто прикоснитесь к ТОЧКАМ ЭМОЦИЙ на них.

6. Сосредоточьтесь на УСТАНОВКЕ выхода или произнесите её, это позволит перейти от негативного состояния к позитивному. Продолжайте вдыхать масло, пока не ощутите сдвиг энергии.

7. Повторяйте по мере необходимости 1, 3, 7, 10 или 18 раз в сутки (т.е. все часы бодрствования) на протяжении 1, 3 или 7 недель, а именно до тех пор, пока шаблон не исчезнет из вашей жизни.

Примечание. Частота нанесения зависит от глубины эмоционального шаблона. Самый быстрый способ сбросить глубинные и коренные проблемы — наносить масло 18 раз в день на протяжении семи недель, но помните, что вы самостоятельно выбираете темп. Продолжительность во времени несущественна. Потребуется вам семь недель или семь месяцев, зависит от вас. Поскольку заниматься сбросом шаблонов каждый час бодрствования — это слишком нереалистично, интервал между процедурами можно сократить до 15 минут, что позволит вам провести 4–6 раз процедур перед работой, затем ещё несколько в течение дня, и после — поздно вечером после возвращения домой.

Процедура очистки перед сном позволит вашему подсознанию обрабатывать эмоциональные шаблоны, пока вы спите. Если налить масло в диффузор и поставить его возле кровати, или пропитать им ватный шарик и положить его на подушку, вы будете вдыхать масло во сне. Дополнительные способы сократить частоту применения — использовать масло в ванной или в душе, а также перед медитацией или утренней зарядкой.

Поскольку некоторые активные точки (например, точка печени) труднодоступны, вы можете иногда использовать соответствующие точки на руках. Чтобы найти точное местоположение точки, обратитесь к схеме ладони.

Когда эмоции всплывают на поверхность, их нужно отпустить. В этом вам помогут письмо, разговоры, упражнения, соляные ванны и сауна. Если высвобождение эмоций становится слишком интенсивным, нужно уменьшить частоту применения масел или взять паузу, увеличив длительность курса. Прежде чем вам удастся полностью избавиться от корневой проблемы, потребуется проработать связанные с ней эмоции.

Вы можете одновременно работать над разными эмоциями, с которыми связано одно и то же масло, либо над родственными эмоциями, с которыми связаны разные масла. Одно масло и/или эмоция могут сразу следовать за другим. Сбрасывайте все всплывающие эмоции; делайте это, пока эмоциональный заряд не иссякнет, и вы не избавитесь от шаблона. Уважайте себя и замечайте, от чего вам становится лучше.

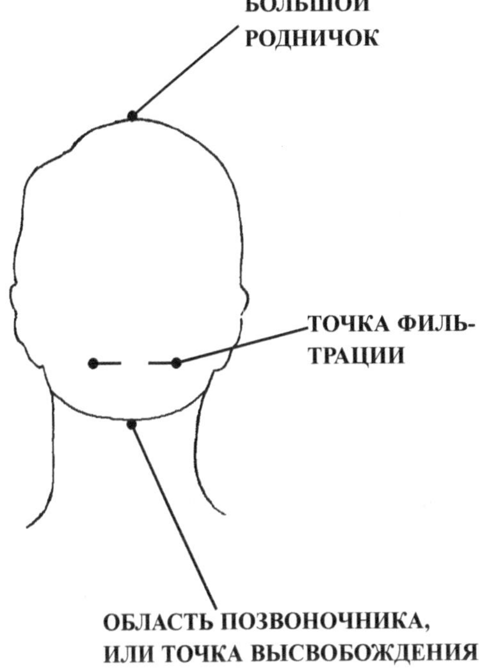

Чувствительность к маслам

Некоторые масла относятся к сильнодействующим веществам и могут раздражать чувствительную кожу, особенно на лице и на лбу. Если вы чувствуете сухость кожи или жжение, растворите масло посредством добавления V6 или любого растительного масла к капле на ладони руки. Если вы испытываете какие-либо проблемы при нанесении масел, просто вдыхайте масло, а затем прикасайтесь к активным точкам и точкам эмоций, прорабатывайте эмоцию и произносите установку.

Некоторые масла, например масло *лимона*, повышают фоточувствительность кожи, что может привести к солнечным ожогам. Применяйте такие масла крайне осторожно и лучше вдыхайте их, чем наносите на кожу.

После первоначального нанесения масла, если вы обнаружили, что его применение вызывает дискомфорт, часто бывает вполне достаточно проработать чувства и произнести установку.

Самый важный элемент — это ваше намерение. Испытайте чувства и сосредоточьтесь на установке. В некоторых случаях установка бывает не очень ясной. По мере работы над ней вы можете прийти к осознанию новых фактов, и это — неотъемлемая часть процесса обучения и раскрытия личности.

Повышение эффективности процедуры сброса

После нанесения эфирного масла на активные точки и лобные выступы вы также можете нанести его на лобный родничок, область позвоночника или точку высвобождения у основания черепа, а также на точки фильтрации по обе стороны затылочной части черепа.

Точка высвобождения способствует сбросу эмоционального шаблона, а точки фильтрации помогают отфильтровать энергии, которые могут тянуть человека обратно к прежним шаблонам.

СБРОС ЭМОЦИОНАЛЬНЫХ ШАБЛОНОВ: РАБОЧИЙ ЛИСТ

- *Для сброса эмоционального шаблона необходим доступ ко всем аспектам нашего бытия: разуму, эмоциям, духу и телу.*

- *Признание эмоции ведёт к её осознанию и пониманию.*

- *Испытание негативной и позитивной полярностей эмоции высвобождает её.*

- *Концентрация на установке выхода позволяет усвоить урок, получая доступ к духу.*

- *Нанесение масла на тревожные точки и точки эмоций предоставляет доступ к телу, высвобождая условный рефлекс, хранящийся в ДНК и клеточной памяти.*

- *После усвоения урока и очистки ДНК шаблон перестаёт быть проблемой — мы свободны.*

Процедура сброса

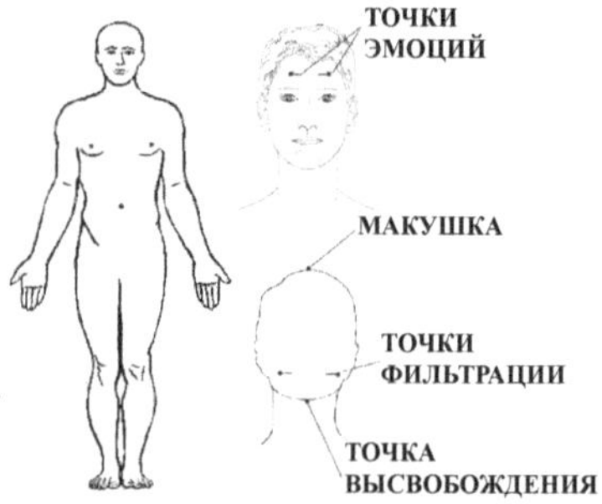

1) Выявите и *ПОЧУВСТВУЙТЕ ЭМОЦИЮ*: ——————————————

2) Вдохните аромат соответствующего *МАСЛА*: ——————————

3) *ПРОЧУВСТВУЙТЕ* другую сторону эмоции: ———————————

4) Нанесите масло на *АКТИВНЫЕ ТОЧКИ*: ————————————

5) Нанесите масло на лобные бугры или просто прикоснитесь к *ТОЧКАМ ЭМОЦИЙ* на них. Дополнительно — *макушка, точка высвобождения, точка фильтрации.*

6) Произнесите УСТАНОВКУ выхода, это позволит перейти от негативного состояния к позитивному:

7) Повторяйте по мере необходимости 1, 3, 7, 10 или 18 раз в сутки (т.е. все часы бодрствования) на протяжении 1, 3 или 7 недель. Можно наносить масло ночью перед сном, утром, чтобы задать хороший тон на весь день, и в любое другое время на протяжении дня, когда вы об этом вспомнили или проблема проявила себя.

ПРИМЕЧАНИЕ. Частота нанесения зависит от глубины эмоционального шаблона. Самый быстрый способ сбросить глубинные и коренные проблемы — наносить масло 18 раз в день на протяжении семи недель, но помните, что вы самостоятельно выбираете темп. Продолжительность во времени несущественна. Потребуется вам семь недель или семь месяцев, зависит от вас. Поскольку заниматься сбросом шаблонов каждый час бодрствования — это слишком нереалистично, интервал между процедурами можно сократить до 15 минут, что позволит вам провести 4–6 раз процедур перед работой, затем ещё несколько в течение дня, и после — поздно вечером после возвращения домой.

Поскольку некоторые активные точки (например, точка печени) труднодоступны, вы можете иногда использовать соответствующие точки на руках. Чтобы найти точное местоположение точки, обратитесь к схеме ладони.

Также сброс может продолжаться во сне, если вы нальёте масло в диффузор и разместите его возле кровати, или пропитаете маслом ватный шарик и положите его рядом с подушкой. Это позволит подсознанию продолжать работу во сне.

Когда эмоции всплывают на поверхность, их нужно отпустить. В этом вам помогут письмо, разговоры, упражнения, соляные ванны и сауна. Если высвобождение эмоций становится слишком интенсивным, нужно уменьшить частоту применения масел или взять паузу, увеличив длительность курса. Прежде чем вам удастся полностью избавиться от корневой проблемы, потребуется проработать связанные с ней эмоции. Вы можете одновременно работать над разными эмоциями, с которыми связано одно и то же масло, либо над родственными эмоциями, с которыми связаны разные масла. Одно масло и/или эмоция могут сразу следовать за другим. Уважайте себя и замечайте, от чего вам становится лучше.

Скачайте или распечатайте эту форму на сайте: *Bodytype.com/Worksheet*

ВАРИАНТЫ СБРОСА ЭМОЦИОНАЛЬНЫХ ШАБЛОНОВ[10]
БЕЗ МЫШЕЧНОГО ТЕСТИРОВАНИЯ

1. Испытайте эмоцию. Полностью прочувствуйте её своим телом. Если вы крайне эмоциональны и опасаетесь, что «застрянете» в данной эмоции и не сможете избавиться от неё, будьте спокойны: эта методика поможет вам сбросить эмоцию.

2. Выдохните и глубоко вдохните воздух с парами масла. Повторите процедуру трижды.

3. Прочувствуйте другую сторону эмоции.

4. Нанесите масло на активные точки.

5. Нанесите масло на точки эмоций на лобных выступах, на область позвоночника или точку высвобождения, точки фильтрации на затылке, а также на большой родничок на макушке.

6. Громко произнесите установку вслух. Повторяйте её до тех пор, пока не почувствуете выход заблокированной энергии и прилив спокойствия.

7. Затем произнесите установку одними губами, не издавая звуков (артикулируйте слова губами и языком, но не произносите их вслух; мысленное произнесение не поможет, нужно шевелить губами). Повторяйте установку беззвучно до тех пор, пока не ощутите повторный выход энергии и полное успокоение[10].

8. В завершение мысленно произнесите установку ещё трижды.

9. Повторяйте эту процедуру всякий раз, когда у вас всплывает какая-либо негативная эмоция или эмоциональный блок.

ПРОЦЕДУРА СБРОСА ШАБЛОНА ДЛЯ ДЕТЕЙ

Сброс гнева

Подержите масло под носом у ребёнка так, чтобы ребёнок мог его вдохнуть. Если нужно избавить ребёнка от гнева, используйте масло *Purification*. Признайте эмоцию, сказав: «Ты злишься, правда?» Скорее всего, он или она ответит «Да» или вообще ничего не ответит. Нанесите каплю масла *Purification* на ладонь левой руки (если вы правша) и разотрите каплю трижды по часовой стрелке, чтобы активировать масло. Прикоснитесь к тревожным точкам печени на левой и правой ладонях, сказав: «Другая сторона гнева — это смех», и улыбнитесь.

Прикоснитесь к двум точкам эмоций на лбу, предварительно нанеся масло *Purification* на свои пальцы, или положите ладонь с маслом на лоб ребенка поверх точек эмоций, сказав: «Выход от гнева к смеху — это мысль «Мне понятно, в какую сторону идти». Если это уместно, можно попросить ребенка произнести установку самостоятельно.

Повторяйте эту процедуру как можно чаще. Полезно проводить процедуру и для себя (непосредственно до или после процедуры для ребёнка, включая подростков), поскольку это помогает в выработке чувства собственного достоинства ребёнка. Если ребенок будет видеть, что вы проделываете с собой ту же процедуру, ему не будет казаться, что с ним «что-то не так». Он или она осознает, что эмоции — это часть жизни, и мы можем выбирать, как нам выражать свои чувства.

---

[10] Предоставлено доктором натуропатии Сьюзен Ульфельдер (Susan Ulfelder), N.D.

ТАБЛИЦА МАСЕЛ

ТАБЛИЦА МАСЕЛ
МАСЛА, ЭМОЦИИ И АКТИВНЫЕ ТОЧКИ ТЕЛА

МАСЛО	ЭМОЦИЯ	АКТИВНАЯ ТОЧКА
3 WISE MEN	Боязнь любви (боязнь полюбить или боязнь собственной непривлекательности)	Почка
3 WISE MEN	Комплекс неполноценности	Заслонка толстой кишки
3 WISE MEN	Отчаяние	Диафрагма
ABUNDANCE	Бедный	Клеточная память
ABUNDANCE	Беспокойство	Пищевод
ABUNDANCE	Борьба	Глаз на темени
ABUNDANCE	Неполнота	Центр сердца
ABUNDANCE	Скудость	Горловой выступ
ACCEPTANCE	Не быть частью чего-то	Солнечное сплетение
ACCEPTANCE	Неверное восприятие	Грибок
ACCEPTANCE	Незащищенность	Подвздошная кишка
ACCEPTANCE	Неловкое положение	Гипоталамус
ACCEPTANCE	Печаль	Бронхиальная
AROMA LIFE	Одиночество	Сердечная перегородка (защита)
AROMA SIEZ	Непоследовательность	Бессознательная
AUSTRALIAN BLUE	Необоснованность	Мочевой пузырь
AUSTRALIAN BLUE	Отвращение	Бронхиальная
AUSTRALIAN KURANYA	Уныние	Спинномозговая жидкость (GV-19)
AWAKEN	Безысходность	Костный мозг
AWAKEN	Многомерные связи	Священная дверь
AWAKEN	Экспансия	Целостность души
BASIL	Манипуляция	Первое ребро
BELIEVE	Нечестность	Селезенка
BERGAMOT	Никчемность	Гормон
BLUE TANSY или IDAHO TANSY	Запуганность	Гормон
BRAIN POWER или GENEYUS	Апатия	Гиппокамп
BRAIN POWER или GENEYUS	Затуманенный ум	Мозг или нёбо

МАСЛО	ЭМОЦИЯ	АКТИВНАЯ ТОЧКА
BUILD YOUR DREAM	Угнетенный	Сухожильные нити
CANADIAN или WESTERN RED CEDAR или CEDARWOOD	Выживание	Шейка матки/пенис – 1-я чакра
CANADIAN или WESTERN RED CEDAR или CEDARWOOD	Отсутствие полноты	Воля в C-5
CARDAMOM	Жалость к себе	Подвздошная кишка
CARROT SEED	Невозможность высказаться	Яичники/яички
CASSIA	Зависимость	Воля в C-5
CEDARWOOD	Надменность	Гипоталамус – 6-я чакра
CELERY SEED или JUVA CLEANSE	Двусмысленность	Гиппокамп
CHIVALRY или HARMONY	Упрямство	Желудок
CHIVALRY или HIGHEST POTENTIAL	Бессилие	Почка
CINNAMON BARK	Лживый	Малый кишечник
CINNAMON BARK	Обязательство	Гипоталамус
CINNAMON BARK	Раздражение	Головка поджелудочной железы
CISTUS (ROSE OF SHARON)	Спасение	Энергетический канал
CITRONELLA	Бесхарактерность, слабоволие	Позвоночник
CITRUS FRESH	Нежелание быть здесь	Поджелудочная железа
CLARITY	Подавление	Яичники, яички
CLARITY	Чувство вины	Селезенка
CLARITY	Эмоциональный стресс	Целостность мозга
CLARY SAGE	Общая нетерпимость	Токсичная
CLOVE	Гневная тирада	Язык
COMMON SENSE	Контроль посредством нападок	Подвздошная кишка
COPAIBA	Ложь	Позвоночник
COPAIBA	Обделенность	Желудок
CYPRESS	Неуважение	Вены
DI-GIZE или DI-TONE	Разочарованный	Аппендицит
DILL	Эпатаж	Головка поджелудочной железы
DORADO AZUIL	Отмщение	Варолиев мост
DOUGLAS FIR или IDAHO BLUE SPRUCE	Неадекватный	GV-20
DRAGON TIME	Разъярённый	Кора надпочечника

МАСЛО	ЭМОЦИЯ	АКТИВНАЯ ТОЧКА
DREAM CATCHER	Конкурентоспособность	Лимфатические клапаны
DREAM CATCHER	Страх проявления	Дыхательное горло
EGYPTIAN GOLD или SPIKENARD	Власть (авторитетная личность)	Корешок нерва
EGYPTIAN GOLD или SPIKENARD	Воля (злоупотребление ею)	Позвоночный диск
ELEMI	Дьявольская дезориентация	Третий глаз
ENDOFLEX	Отречение	Зрение
EN-R-GEE	Изоляция	Дрожжи/пупок
EN-R-GEE или NUTMEG	Истощение надпочечника	Надпочечник
ENVISION	Ошеломленность	Зрение
ENVISION	Привязанность	Зрение
ENVISION	Скованность	Интуиция
EUCALYPTUS (GLOBULUS)	Рабство	Околоушная железа
EUCALYPTUS (RADIATA)	Физический стресс	Плевра
EUCALYPTUS BLUE	Застой	Мочевой пузырь
EUCALYPTUS BLUE	Подавленные эмоции	Глаз/мозг на затылочной кости
EXODUS II	Обреченность	Солнечное сплетение
EXODUS II	Страстное стремление	Сердечная мышца
EXODUS II	Услужливость, податливость	Магия
FOREGIVENESS	Горечь, озлобленность	Желчный пузырь
FOREGIVENESS	Недоверие	Матка или простата
FOREGIVENESS	Непрощение	Кровяное давление
FOREGIVENESS	Отмщение	Варолиев мост
FOREGIVENESS	Повторение прошлого	Желчный пузырь
FOREGIVENESS	Предательство	Поджелудочная железа
FOREGIVENESS	Самоотречение	Объем кровотока сердца
FRANKINCENSE	«Да пошел ты»	Эго
FRANKINCENSE	Головокружение	Среднее ухо
FRANKINCENSE	Ощущение никчемности	Десны и зубы
FULFILL YOUR DESTINY	Грубость	Костный мозг
GALBANUM или GRATITUDE	Презрение	Илеоцекальный клапан
GATHERING	Плохо (себя чувствовать)	Почка
GATHERING	Порабощенный	Мягкие мозговые оболочки
GENEYUS или BRAIN POWER	Апатия	Гиппокамп
GENEYUS или BRAIN POWER	Затуманенный ум	Мозг или Нёбо

МАСЛО	ЭМОЦИЯ	АКТИВНАЯ ТОЧКА
GERANIUM	Желание ублажить	Сердечная мышца
GERANIUM	Эгоцентричный	Зрение
GERMAN CHAMOMILE	Гиперчувствительность	Надпочечник
GERMAN CHAMOMILE	Разобщенность	Душа (Ч2)
GINGER	Нехватка	Пейеровы бляшки
GOLDENROD	Беззащитный	Кора надпочечника
GRAPEFRUIT	Расстройство	Сухожильные нити
GRATITUDE	Небезопасно (быть собой, быть в своем теле, жить в этом мире)	Яичники или яички
GRATITUDE или GALBANUM	Презрение	Илеоцекальный клапан
GROUNDING	Потерянный	Исток
GROUNDING	Скука	Паразиты
HARMONY	(Страх) перед наказанием, самобичевание	Фаллопиевы трубы или семенные мешочки
HARMONY	Быть игнорируемым	Стрептококк
HARMONY	Враждебный настрой	Гармония
HARMONY	Подавленность	Кровь
HARMONY	Саркастичный	Мозг
HARMONY или CHIVALRY	Упрямый	Желудок
HELICHRYSUM	(Отсутствие) целостности	Мозг
HELICHRYSUM	Безответственный	Евстахиева труба
HELICHRYSUM	Боязнь услышать правду	Евстахиева труба
HELICHRYSUM	Страх смерти или жизни	Артерии
HIGHEST POTENTIAL	Поквитаться	Щитовидная железа
HIGHEST POTENTIAL	Раздражение	Мужество
HIGHEST POTENTIAL	Стремление к спорам	Малый кишечник
HIGHEST POTENTIAL или CHIVALRY	Бессильный	Почка
HINOKI	Недееспособный	Средняя крестцовая кость
HONG KUAI	Вращающиеся колеса (прялка)	Позвоночник
HOPE	Бесполезный	Гипоталамус
HOPE	Отсутствие уважения	Восприятие органами чувств
HOPE	Слепота	Глазная лимфа
HUMILITY	Быть меньше (хуже) чем	Спинной мозг
HUMILITY	Недостаточно хорош(а)	Перикардий
HUMILITY	Уставший	Проток поджелудочной железы

МАСЛО	ЭМОЦИЯ	АКТИВНАЯ ТОЧКА
HUMILITY или OCOTEA	Оскорблённый	Эго
HYSSOP	Зажатые эмоции	Надгортанный хрящ
IDAHO BALSAM FIR или IDAHO BLUE SPRUCE	Отдельный	Темя – восьмая чакра
IDAHO BALSAM FIR или IDAHO BLUE SPRUCE	Разбросанный	Центр сердца и третий глаз
IDAHO BALSAM FIR или IDAHO BLUE SPRUCE или DOUGLAS FIR	Неадекватный	GV-20
IDAHO BALSAM FIR или JUVAFLEX или WINTERGREEN	Отсутствие поддержки	Связка (сухожилие)
IDAHO BLUE SPRUCE или IDAHO BALSAM FIR	Неадекватный	GV-20
IDAHO BLUE SPRUCE или IDAHO BALSAM FIR	Отдельный	Темя – восьмая чакра
IDAHO BLUE SPRUCE или IDAHO BALSAM FIR	Разбросанный	Центр сердца и третий глаз
IDAHO TANSY	Скептицизм	Костный мозг
IDAHO TANSY или IDAHO BLUE TANSY	Непонимание	Голосовые связки
IMMUPOWER	Самопожертвование	Спинномозговая жидкость
INNER CHILD	Извращение или искажение	Девственность
INNER CHILD	Меня предали и бросили	РНК
INNER CHILD	Необузданная энергия	12-перстная кишка
INNER CHILD	Очистка клеточной памяти	ДНК
INSPIRATION	Медлительный	Ушные кости
INSPIRATION	Обессиленный	Спинной мозг
INSPIRATION	Утомление	Жизненная сила
INTO THE FUTURE	Ограниченный	Инфекция
JADE LEMON	Конфликтный	Легкое
JASMINE	Мной пользуются	CX в CV-5
JASMINE	Ощущение недостойности	Варолиев мост
JOURNEY ON	Потеря себя	Яичники/яички
JOY	Горе	Аденоиды
JOY	Несоответствие	Ушная раковина
JOY	Обездоленный или нуждающийся	Желчный проток

МАСЛО	ЭМОЦИЯ	АКТИВНАЯ ТОЧКА
JOY	Осуждение	Солнечное сплетение
JOY	Разочарование	Бронхиальная
JOY	Тревога	Капилляры
JUNIPER	Подавление	Почка
JUVA CLEANSE или CELERY SEED	Амбивалентность	Гиппокамп
JUVA FLEX	Вина	Токсичная
JUVA FLEX	Недооцененный	Легкое
JUVA FLEX или BIRCH	Обделенный	Суставы/хрящи
JUVA FLEX или BIRCH	Ощущение отсутствия поддержки	Связки
JUVA FLEX или BIRCH	Протест против власти или возмущение ее действиями	Кость
LAURUS NOBILIS или WHITE ANGELICA	Безжалостный	Сердечная перегородка (защита)
LAURUS NOBILIS или WHITE ANGELICA	Сдвиг сознания	Аорта
LAVENDER	Критика	Кожа
LAVENDER	Оставленность	Малый кишечник
LAVENDER	Страх перед признанием	Ядро шва в мозге
LEDUM	Неблагодарный	Селезенка
LEDUM	Ненависть или Ненавистный	Желчный проток
LEDUM	Неудовлетворенность	Магическая область
LEGACY или MYRRH	Трудность	Задняя верхняя подвздошная кость
LEGACY или OREGANO	Токсичность (химический, электромагнитный, эмоциональный)	Соединительная ткань
LEGACY или PEPPERMINT	Негибкость	Тяжелые металлы
LEMON	Грусть	ЦНС/лимфа
LEMON	Задыхающийся	Плевра
LEMON	Застрявший	Гайморова полость
LEMON	Ненадежная жизнь	Бессознательное
LEMON	Огорчение	Общий желчный проток (ОЖП)
LEMON	Ощущение отставания	Лимфа
LEMON	Ощущение пустоты	Грудь
LEMON	Ощущение, что все должны	Паращитовидная (околощитовидная) железа

МАСЛО	ЭМОЦИЯ	АКТИВНАЯ ТОЧКА
LEMON	Сожаление/муки совести	Миндалевидная железа
LEMON	Страх изоляции	Позвоночник
LEMON MYRTLE	Промедление	Большой кишечник
LEMONGRASS	Возмущение	Желчный проток
LEMONGRASS	Должен бы	Сухожилие
LIME	Немотивированный	Легкое
LIME	Умаленный	Зрение
LIVE WITH PASSION	Назойливый	РНК
LIVE WITH PASSION	Обиженный	Творчество
LIVE WITH PASSION	Ужас и страх	Артерии
LIVE YOUR PASSION	Предавать себя	Воля в С5
LONGEVITY	Злящийся	Вибрация
MAGNIFY YOUR PURPOSE	Замешательство	Целостность (организма)
MAGNIFY YOUR PURPOSE	Замешательство	Целостность (организма)
MAGNIFY YOUR PURPOSE	Сознание жертвы	Аллергия
MANUKA или MYRTLE	Подавление жизни	Ци
MARJORAM	Недовольный	Задний родничок
MARJORAM	Отсутствие связей	Пупок/Дрожжи
MARJORAM	Подозрительность	Ядра шва в мозге
MASTRANTE	Неуверенный	Варолиев мост
MELALEUCA ERICIFOLIA (ROSALINA) или TEA TREE	Лишенный сил или прав	С1 (чакра 1)
MELALEUCA ERICIFOLIA (ROSALINA) или TEA TREE	Тупой	Таламус
MELALEUCA QUINQUENERVIA	Саморазрушение	Раздел мозга, отвечающий на стресс и панику
MELISSA	Шок	Третий глаз
MELISSA или SPIKENARD	Отчуждённость	Сухожильные нити
MELROSE	Обида	Надкостница
MELROSE	Раздражение	Иммунная система
MOTIVATION	Вялость, нерасторопность	Мужество
MOUNTAIN SAVORY	Упрямый	Печень
MYRRH	Страх перед окружающим миром	Надпочечник
MYRRH или LEGACY	Трудность	Задняя верхняя подвздошная кость
MYRTLE или MANUKA	Подавление жизни	Жизненная сила

МАСЛО	ЭМОЦИЯ	АКТИВНАЯ ТОЧКА
NORTHERN LIGHTS BLUE SPRUCE или NORTHERN LIGHTS BLACK SPRUCE или IDAHO BLUE SPRUCE	Психическая атака	Фильтрующий слой
NUTMEG или EN-R-GEE	Адреналиновое истощение	Надпочечник
OCOTEA или HUMILITY	Оскорбленный	Эго
ONYCHA или SANDALWOOD	Страх и ужас	Брюшная полость
ORANGE	Насмешка	Сухожильные нити
OREGANO	Боязнь завершенности	Передний (лобный) родничок
OREGANO	Уязвимый	Ретикулярная активирующая система
OREGANO или LEGACY	Недружелюбие	Соединительная ткань
PALO SANTO	Ворожба	Защита сердца
PALO SANTO	Душевная боль	Сердце
PALO SANTO	Невнимание, рассеянность, переходное состояние	Третий глаз
PALO SANTO	Некомпетентный	Мозг
PALO SANTO	Потерявший направление, переходное состояние	Третий глаз
PALO SANTO	Стирание из памяти	Гортань и сердечная мышца
PANAWAY	Боль	Травма
PANAWAY	Боязнь эмоций	Оболочка мышц
PANAWAY	Истощение	Мышца
PATCHOULI	Замкнутый	Целостность мозга
PEACE & CALMING (II)	Депрессия, подавленность	Депрессия
PEACE & CALMING (II)	Запуганный	Пищевод
PEACE & CALMING (II)	Контроль	Желудок
PEACE & CALMING (II)	Нерешительность	Высшая воля в С-3
PEACE & CALMING (II)	Переменчивость настроения	Гормон
PEACE & CALMING (II)	Пристрастие	Мозг
PEACE & CALMING (II)	Синдром жертвы	Нерв
PEACE & CALMING (II)	Склонность к спорам	Щитовидная железа
PEPPER, BLACK	Быть в черной дыре	Височная кость, сосцевидный отросток
PEPPERMINT	Крах или неудача	Тимус или вилочковая железа
PEPPERMINT	Ограничение	Спинной мозг
PEPPERMINT	Страх перед зависимостью	Таламус

МАСЛО	ЭМОЦИЯ	АКТИВНАЯ ТОЧКА
PEPPERMINT или LEGACY	Негибкость	Тяжелые металлы (передне-верхняя ость подвздошной кости)
PINE	Униженный, в состоянии упадка	Белые кровяные тельца
PINE	Чувствовать себя второстепенным и незначительным	Слизистые мембраны
PRESENT TIME	Взволнованный, перевозбужденный	Надкостница
PRESENT TIME	Злоба	Защита сердце (перегородка)
PRESENT TIME	Иллюзия	Вирус
PRESENT TIME	Подавленные или зажатые эмоции	Сигмовидная кишка
PRESENT TIME	Сопротивление переменам	Прямая кишка
PRESENT TIME	Считать что-то само собой разумеющимся	Десны и зубы
PRESENT TIME	Утрата	Височно-нижнечелюстной сустав
PURIFICATION	Гнев	Печень
PURIFICATION	Жестокость	Печень
PURIFICATION	Негативные или ошибочные мысли	Бактерии
PURIFICATION	Остаться в одиночестве	Стафилококк
PURIFICATION	признание	Фильтрующий слой
PURIFICATION	Страх отвержения	Легкое
PURIFICATION	Страх прозрения	Глаз (только на руках и ногах)
RAVEN	Дискомфорт	Пазуха
RAVENSARA или RAVINTSARA	Обманутый	Глаз/мозг (затылочная часть)
RAVINTSARA или RAVENSARA	Обманутый	Глаз/мозг (затылочная часть)
RC	Опустошенность	Непроходимость лимфы
RELEASE	Боязнь успеха	Большой кишечник
RELEASE	Заблуждающийся	Добавочная доля селезенки
RELEASE	Протест	Темя – 7-я чакра
RELEASE	Удерживание (общего потока)	Трахея
RELEASE	Условная любовь (по программе)	Глаз/мозг (затылочная часть)

МАСЛО	ЭМОЦИЯ	АКТИВНАЯ ТОЧКА
RELEASE	Утаивание	Плевра
RELEASE	Утрата собственной идентичности	Матка/простата
RELIEVE IT	Травма	Сухожильные (сердечные) нити
ROMAN CHAMOMILE	Непрошеный	Аорта
ROMAN CHAMOMILE	Оцепеневший	Шейка матки/пенис
ROSE	Боязнь (интимной) близости	Центр сердца
ROSE	Рассыпавшийся	Вирус
ROSEMARY	Саботаж со стороны себя или других	Отдел мозга, отвечающий за физиологический ответ на стресс и панику
ROSEWOOD или TEA TREE	Взволнованный	Кровяное давление
ROSEWOOD или TEA TREE	Ошарашенный	Височная кость, сосцевидный отросток (часть)
ROYAL HAWAIIAN SANDALWOOD или SANDALWOOD	Созависимость	Эмоциональная интеграция
ROYAL HAWAIIAN SANDALWOOD или SANDALWOOD	Страх	Третий глаз
ROYAL HAWAIIAN SANDALWOOD или SANDALWOOD или LIVE WITH PASSION	Ужас	Артерии
RUTAVALA	Безжизненный	«Хара»
RUTAVALA	Испуганный	Эго
SACRED FRANKINCENSE	Беспомощный	Зрение
SACRED FRANKINCENSE	Нежеланный	Эго
SACRED MOUNTAIN	Боязнь высказать свое мнение	Гортань, горло
SACRED MOUNTAIN	Боязнь услышать что-либо	Уши (внутренний слух)
SACRED MOUNTAIN	Быть частью массового сознания	Солнечное сплетение – 3-я чакра
SACRED MOUNTAIN	Несправедливость	Щитовидная железа
SACRED MOUNTAIN	Скомпрометировать себя	Душа
SACRED MOUNTAIN	Страх перед неизвестностью	Шишковидная железа
SACRED SANDALWOOD или GALBANUM	Зависть	Илеоцекальный клапан
SACRED SANDALWOOD или SANDALWOOD	Вера (недостаток)	Третий глаз

МАСЛО	ЭМОЦИЯ	АКТИВНАЯ ТОЧКА
SAGE	Отпускание	Мочевой пузырь
SANDALWOOD или SACRED SANDALWOOD	Вера (ее отсутствие)	Третий глаз
SANDALWOOD или ROYAL HAWAIIAN SANDALWOOD or LIVE WITH PASSION	Кошмар	Артерии
SANDALWOOD или ROYAL HAWAIIAN SANDALWOOD	Созависимость	Эмоциональная целостность
SANDALWOOD или ROYAL HAWAIIAN SANDALWOOD	Страх	Третий глаз
SANDALWOOD или ONYCHA	Ужас	Брюшина
SARA	Злословие, грубость, насилие	Клеточная память
SARA	Ожидания	Мочевой пузырь – 2-я чакра
SARA	Принятие, согласие	Эмоциональная точка
SENSATION	Подвергшийся насилию	Матка/Простата
SHUTRAN или YLANG YLANG	Бессильный (импотент)	Матка/Простата
SPEARMINT	Ленивый	Проток поджелудочной железы
SPIKENARD или EGYPTIAN GOLD	Власть и влияние (авторитетные личности)	Нервный корешок
SPIKENARD или EGYPTIAN GOLD	Воля (Злоупотребление)	Позвоночный диск
SPIKENARD или MELISSA	Отчужденный	Сухожильные нити (сердца)
STRESS AWAY	Жестокий	Дрожжи/пупок
SURRENDER	Параноидный	Пищевод
SURRENDER	Сопротивление, ретроградство (боязнь движения)	Миндалевидная железа
TANSY, IDAHO	Непонятый	Голосовые связки
TANSY, IDAHO или IDAHO BLUE TANSY	Непонятый	Голосовые связки
TARRAGON	Мучимый	Нерв
TEA TREE или MELALEUCA ERICIFOLIA (ROSALINA)	Глупый	Таламус
TEA TREE или MELALEUCA ERICIFOLIA (ROSALINA)	Лишенный сил, прав и полномочий	1-я чакра
TEA TREE или ROSEWOOD	Беспокойный	Кровяное давление
TEA TREE или ROSEWOOD	Ослеплённый	Височная кость, сосцевидная область

МАСЛО	ЭМОЦИЯ	АКТИВНАЯ ТОЧКА
THIEVES	Другой, иной	Плесневый грибок
THIEVES	Неопределенность	Слюнные железы
THIEVES	Хитрость, трусливость	Общий желчный проток
THYME	Беззащитность	Клеточная память
TRANSFORMATION	В чем смысл и польза?	Селезенка
TRANSFORMATION	Загнанный в угол	Солнечное сплетение
TRANSFORMATION	Застой	Жизненная сила, энергия
TRANSFORMATION	Не могу	Вирус
TRANSFORMATION	Ограничения	Жизненная сила, энергия
TRANSFORMATION	Приверженность	Эго
TRANSFORMATION	Цинизм	Малый кишечник
TRAUMA LIFE	Панические настроения	Кровяное давление
TSUGA	Пораженческий настрой	ЦНС/лимфа
VALERIAN	Бессонница	Шишковидная железа
VALOR или VALOR II	Агрессивность	Кора надпочечника
VALOR или VALOR II	Боязнь конфликта	Кора надпочечника
VALOR или VALOR II	Гонимый, преследуемый	Почка
VALOR или VALOR II	Неспособность справиться с трудностями	Белые кровяные тельца
VALOR или VALOR II	Оборонительная поза	Желудок
VALOR или VALOR II	Покорность и смирение	Диафрагма
VALOR или VALOR II	Потерпеть поражение в битве	Физическое тело
VALOR или VALOR II	Слабость (кажущаяся)	Яичники/яички
VALOR или VALOR II	Уход в себя	Шишковидная железа
VETIVER	Разум, беспокойный, слишком деятельный ум	Теменной глаз
VETIVER	Цель (невыполнимая)	Гипофиз
WESTERN или CANADIAN RED CEDAR или CEDARWOOD	Выживание	Шейка матки/пенис – 1-я чакра
WESTERN или CANADIAN RED CEDAR или CEDARWOOD	Отсутствие полноты и совершенства	Воля в 5-й чакре
WHITE ANGELICA	Дисгармония	Паращитовидная железа
WHITE ANGELICA	Жадность	Сердечная мышца – 4-я чакра
WHITE ANGELICA	Жалкий	Аорта
WHITE ANGELICA	Кризис	Пищевод

МАСЛО	ЭМОЦИЯ	АКТИВНАЯ ТОЧКА
WHITE ANGELICA	Одиночество	Сердце
WHITE ANGELICA	Решимость	Поперечные волокна
WHITE ANGELICA	Слабость	Передний родничок, сердечная мышца, нерв, фильтрующий слой
WHITE ANGELICA	Сочувствие	Солнечное сплетение
WHITE ANGELICA	Стыд	Гипоталамус
WHITE ANGELICA или LAURUS NOBILIS	Беспощадность, неумолимость	Защита сердца (перегородка)
WHITE ANGELICA или LAURUS NOBILIS	Изменение сознания	Аорта
WHITE ANGELICA или LAURUS NOBILIS	Отвержение	Легкое
WHITE FIR или DOUGLAS FIR или IDAHO BALSAM FIR или IDAHO BLUE SPRUCE	Неадекватность	GV-20
WINTERGREEN	Отсутствие поддержки и помощи	Связки или сухожилия
XIANG MAO	Себялюбивый	Макушка головы
YLANG YLANG	Накопительство	Выступ гортани – 5-я чакра
YLANG YLANG	Опустошенный	Сухожильные нити (сердца)
YLANG YLANG	Страх перед умом и мудростью	Гипофиз
YLANG YLANG или SHUTRAN	Импотенция	Матка/простата

ТАБЛИЦА ТЕЛА

ТАБЛИЦА ТЕЛА

АКТИВНЫЕ ТОЧКИ ТЕЛА, ЭМОЦИИ И СВЯЗАННЫЕ МАСЛА

АКТИВНАЯ ТОЧКА	ЭФИРНОЕ МАСЛО	ЭМОЦИЯ
CX в CV-5 (СЕРДЕЧНО-СОСУДИСТЫЙ КЛАПАН)	Jasmine	Ощущение, что меня используют
GV-20	White Fir или Idaho Balsam Fir	Неадекватный
HARA	RutaVaLa	Безжизненный
АДЕНОИДЫ	Joy	Горе
АЛЛЕРГИЯ	Magnify Your Purpose	Сознание жертвы
АОРТА	Lauris Nobilis или White Angelica	Изменение сознания
АОРТА	Lauris Nobilis или White Angelica	Жалкий
АОРТА	Roman Chamomile	Незваный, непрошеный
АППЕНДИКС	Di-Gize или Di-Tone	Лишенный иллюзий
АРТЕРИИ	Helichrysum	Страх смерти (жизни)
АРТЕРИИ	Live with Passion или Sandalwood или Royal Hawaiian Sandalwood	Ужас и мрак
БАКТЕРИИ	Purification	Негативные или ошибочные мысли
БЕЛЫЕ КРОВЯНЫЕ ТЕЛЬЦА	Pine	Деградация
БЕЛЫЕ КРОВЯНЫЕ ТЕЛЬЦА	Valor	Неспособность справляться с трудностями
БЕССОЗНАТЕЛЬНОЕ	Aroma Siez	Боязнь непоследовательности
БЕССОЗНАТЕЛЬНОЕ	Lemon	Страх ненадежной жизни
БРОНХИ	Acceptance	Печаль
БРОНХИ	Australian Blue	Отвращение
БРОНХИ	Joy	Разочарование
БРЮШНАЯ ПОЛОСТЬ	Onycha или Sandalwood	Страх и ужас
ВАРОЛИЕВ МОСТ	Dorado Azuil или Forgiveness	Отмщение
ВАРОЛИЕВ МОСТ	Jasmine	Ощущать себя недостойным
ВАРОЛИЕВ МОСТ	Mastrante	Неуверенный
ВЕНЫ	Cypress	Неуважение
ВИБРАЦИЯ	Longevity	Подавленный, угнетенный

АКТИВНАЯ ТОЧКА	ЭФИРНОЕ МАСЛО	ЭМОЦИЯ
ВИРУС	Present Time	Иллюзия
ВИРУС	Rose	Разваливающийся
ВИРУС	Transformation	Не могу
ВИСОЧНАЯ КОСТЬ/СОСЦЕВИДНЫЙ ОТРОСТОК	Pepper, Black	Быть в черной дыре
ВИСОЧНАЯ КОСТЬ/СОСЦЕВИДНЫЙ ОТРОСТОК	Rosewood	Ошарашенный
ВИСОЧНО-НИЖНЕЧЕЛЮСТНОЙ СУСТАВ	Present Time	Утрата
ВНЕШНЕЕ УХО (УШНАЯ РАКОВИНА)	Joy	Боязнь несовместимости, несоответствия
ВНУТРЕННЕЕ УХО	Sacred Mountain	Боязнь что-то услышать
ВНУТРЕННЕЕ УХО	Sacred Mountain	Боязнь услышать что-то
ВОЛЯ в С-5	Cassia	Зависимый
ВОЛЯ в С-5	Live Your Passion	Предательство себя
ВОЛЯ в С-5	Western или Canadian Red Cedar или Cedarwood	Несовершенство, отсутствие полноты
ВЫСТУП ГОРТАНИ	Abundance	Скудость
ВЫСТУП ГОРТАНИ – 5-Я ЧАКРА	Ylang Ylang	Собственнический инстинкт
ВЫСШАЯ ВОЛЯ в С-3	Peace & Calming	Нерешительность
ГАРМОНИЯ	Harmony	Враждебность
ГАРМОНИЯ	White Lotus	Гармония
ГИПОТАЛАМУС	Acceptance	В неловком положении
ГИПОТАЛАМУС	Cinnamon Bark	Обязательства
ГИПОТАЛАМУС	Hope	Бесполезность
ГИПОТАЛАМУС	White Angelica	Боязнь опозориться
ГИПОТАЛАМУС – 6-Я ЧАКРА	Cedarwood	Надменность
ГИПОФИЗ	Vetiver	Цель (невыполненная)
ГИПОФИЗ	Ylang Ylang	Боязнь мудрости
ГИППОКАМП	Brain Power или GeneYus	Апатия
ГИППОКАМП	Celery Seed или Juva Cleanse	Двойственность
ГЛАЗ (только на ладонях или на ступнях ног)	Purification	Боязнь увидеть (прозреть)
ГЛАЗ/ЗАТЫЛОЧНЫЙ ОТДЕЛ МОЗГА	Eucalyptus Blue	Подавленная эмоция

АКТИВНАЯ ТОЧКА	ЭФИРНОЕ МАСЛО	ЭМОЦИЯ
ГЛАЗ/ЗАТЫЛОЧНЫЙ ОТДЕЛ МОЗГА	Ravensara или Ravintsara	Обманутый
ГЛАЗ/ЗАТЫЛОЧНЫЙ ОТДЕЛ МОЗГА	Release	Условная любовь как программа
ГЛАЗНАЯ ЛИМФА	Hope	Слепота
ГОЛОВКА ПОДЖЕЛУДОЧНОЙ ЖЕЛЕЗЫ	Cinnamon Bark	Раздражение
ГОЛОВКА ПОДЖЕЛУДОЧНОЙ ЖЕЛЕЗЫ	Dill	Возмущение, негодование
ГОЛОСОВЫЕ СВЯЗКИ	Tansy, Idaho	Непонятый
ГОРЛО	Palo Santo	Стирание из памяти, забывание
ГОРЛО	Sacred Mountain	Боязнь высказаться
ГОРМОН	Bergamot	Никчемность
ГОРМОН	Blue Tansy или Idaho Tansy	Запуганный
ГОРМОН	Peace & Calming	Зависимость от настроения
ГРИБОК	Acceptance	Неверное восприятие
ГРИБОК (ПЛЕСЕНЬ)	Thieves	Другой, иной
ГРУДЬ	Lemon	Чувство опустошенности
ДВЕНАДЦАТИПЕРСТНАЯ КИШКА	Inner Child	Эксцентричность
ДЕПРЕССИЯ	Peace & Calming	Депрессия, уныние
ДЕСНЫ/ЗУБЫ	Frankincense	Ощущение собственной никчемности
ДЕСНЫ/ЗУБЫ	Present Time	Само собой разумеется
ДИАФРАГМА	3 Wise Men	Отчаяние
ДИАФРАГМА	Valor или Valor II	Безропотность, обреченность
ДНК	Inner Child	Очистка клеточной памяти
ДОБАВОЧНАЯ ДОЛЯ СЕЛЕЗЕНКИ	Release	Чувство неправоты
ДРОЖЖИ/ПУПОК	En-R-Gee	Связь
ДРОЖЖИ/ПУПОК	Marjoram	Несвязанный
ДРОЖЖИ/ПУПОК	Stress Away	Жестокий
ДУША	Sacred Mountain	Скомпрометировать себя
ДУША (ЧАКРА 2)	German Chamomile	Разобщение
ДЫХАТЕЛЬНОЕ ГОРЛО	Dream Catcher	Страх проявления каких-то чувств
ЕВСТАХИЕВА ТРУБА	Helichrysum	Боязнь услышать правду

АКТИВНАЯ ТОЧКА	ЭФИРНОЕ МАСЛО	ЭМОЦИЯ
ЕВСТАХИЕВА ТРУБА	Helichrysum	Безответственный
ЖЕЛУДОК	Chivalry или Harmony	Упрямый
ЖЕЛУДОК	Copaiba	Недополучать
ЖЕЛУДОК	Peace & Calming	Потерять контроль над собой
ЖЕЛУДОК	Valor или Valor II	Оборонительная поза
ЖЕЛЧНЫЙ ПУЗЫРЬ	Forgiveness	Горечь, раздражение
ЖЕЛЧНЫЙ ПУЗЫРЬ	Forgiveness	Страх повторения прошлого
ЖИЗНЕННАЯ СИЛА	Inspiration	Утомление
ЖИЗНЕННАЯ СИЛА	Myrtle или Manuka	Подавление жизни
ЖИЗНЕННАЯ СИЛА	Transformation	Ограничения
ЖИЗНЕННАЯ СИЛА	Transformation	Застой
ЗАДНИЙ РОДНИЧОК	Marjoram	Недовольный, нереализованный
ЗАДНЯЯ ВЕРХНЯЯ ПОДВЗДОШНАЯ КОСТЬ	Legacy или Myrrh	Трудность
ЗАЩИТА СЕРДЦА	Aroma Life	Одиночество
ЗАЩИТА СЕРДЦА	Laurus Nobilis или White Angelica	Беспощадный, неумолимый
ЗАЩИТА СЕРДЦА	Palo Santo	Ворожба, колдовство
ЗАЩИТА СЕРДЦА	Present Time	Злоба
ЗРЕНИЕ	EndoFlex	Отречение
ЗРЕНИЕ	Envision	Привязанность
ЗРЕНИЕ	Envision	Ошарашенный
ЗРЕНИЕ	Geranium	Эгоцентричный
ЗРЕНИЕ	Lime	Умаленный
ЗРЕНИЕ	Sacred Frankincense	Беспомощный
ИЛЕОЦЕКАЛЬНЫЙ КЛАПАН	3 Wise Men	Страх неполноценности
ИЛЕОЦЕКАЛЬНЫЙ КЛАПАН	Galbanum или Gratitude	Презрение
ИММУННАЯ СИСТЕМА	Melrose	Раздражение
ИНТУИЦИЯ, ВНУТРЕННЕЕ ЧУТЬЕ	Envision	Скованный
ИНФЕКЦИЯ	Into the Future	Ограниченность
ИСТОК	Grounding	Заблудший, потерянный
КАПИЛЛЯРЫ	Joy	Тревога
КЛЕТКИ ГОЛУБОГО ПЯТНА В МОЗГЕ	Melaleuca Quinquenervia	Саморазрушение

АКТИВНАЯ ТОЧКА	ЭФИРНОЕ МАСЛО	ЭМОЦИЯ
КЛЕТКИ ГОЛУБОГО ПЯТНА В МОЗГЕ	Rosemary	Саботаж (личный или со стороны других)
КЛЕТОЧНАЯ ПАМЯТЬ	Abundance	Бедный
КЛЕТОЧНАЯ ПАМЯТЬ	SARA	Плохое обращение (любое; в сексуальной, эмоциональной, ритуальной сфере)
КЛЕТОЧНАЯ ПАМЯТЬ	Thyme	Отсутствие защиты
КОЖА	Lavender	Критика
КОЖА	Magnify Your Purpose	Унижение
КОРА НАДПОЧЕЧНИКА	Dragon Time	Разъярённый
КОРА НАДПОЧЕЧНИКА	Goldenrod	Беззащитность
КОРА НАДПОЧЕЧНИКА	Valor или Valor II	Агрессия
КОРА НАДПОЧЕЧНИКА	Valor или Valor II	Боязнь конфликта
КОРЕШОК НЕРВА	Spikenard	Власть и влияние (авторитетные фигуры)
КОСТНЫЙ МОЗГ	Awaken	Безысходность
КОСТНЫЙ МОЗГ	Fulfill Your Destiny	Грубый
КОСТНЫЙ МОЗГ	Idaho Tansy	Скептицизм
КОСТЬ	Birch или Juva Flex	Протест против власти или возмущение действиями властей
КРЕСТЦОВАЯ ДВЕРЬ	Awaken	Связь между разными аспектами или измерениями
КРОВЬ	Harmony	Раздавленный
КРОВЯНОЕ ДАВЛЕНИЕ	Forgiveness	Непрощение
КРОВЯНОЕ ДАВЛЕНИЕ	Rosewood или Tea Tree	Взволнованный
КРОВЯНОЕ ДАВЛЕНИЕ	Trauma Life	Паника
ЛЕГКОЕ	Jade Lemon	Конфликтность
ЛЕГКОЕ	JuvaFlex	Неоцененный по достоинству
ЛЕГКОЕ	Lime	Немотивированный
ЛЕГКОЕ	Purification	Отвержение
ЛИМФА	Lemon	Быть оставленным позади
ЛИМФАТИЧЕСКИЕ КЛАПАНЫ	Dream Catcher	Дух конкурентной борьбы
МАГИЯ	Exodus II	Уступчивость, покладистость, податливость
МАГИЯ	Ledum	Неудовлетворенность
МАКУШКА – 7-Я ЧАКРА	Release	Протест

АКТИВНАЯ ТОЧКА	ЭФИРНОЕ МАСЛО	ЭМОЦИЯ
МАКУШКА – 8-Я ЧАКРА	Idaho Balsam Fir	Раздельный
МАТЕРИАЛЬНОЕ ТЕЛО	Valor или Valor II	Проиграть сражение
МАТКА/ПРОСТАТА	Forgiveness	Недоверие
МАТКА/ПРОСТАТА	Release	Утрата собственной идентичности
МАТКА/ПРОСТАТА	Sensation	Нарушенный ритм
МАТКА/ПРОСТАТА	Shutrun	Импотенция
МИНДАЛЕВИДНАЯ ЖЕЛЕЗА	Surrender	Сопротивление (Страх передвижения, перемен)
МОЗГ	Harmony	Саркастичный
МОЗГ	Helichrysm	(Отсутствие) целостности
МОЗГ	Palo Santo	Некомпетентный
МОЗГ	Peace & Calming	Пристрастие
МОЧЕВОЙ ПУЗЫРЬ	Australian Blue	Безосновательный
МОЧЕВОЙ ПУЗЫРЬ	Eucalyptus Blue	Застывший
МОЧЕВОЙ ПУЗЫРЬ	Sage	Отпускание
МОЧЕВОЙ ПУЗЫРЬ – 2-Я ЧАКРА	SARA	Ожидания
МУЖЕСТВО	Highest Potential	Раздражение
МУЖЕСТВО	Motivation	Вялость, нерасторопность
МЫШЦА	PanAway	Истощение, изнурение
НАДГОРТАННИК	Hyssop	Заглушенные эмоции
НАДКОСТНИЦА	Melrose	Травма
НАДКОСТНИЦА	Present Time	Сконфуженный, смущенный
НАДПОЧЕЧНИК	German Camoile	Гиперчувствительность
НАДПОЧЕЧНИК	Myrrh	Боязнь столкнуться с миром
НАДПОЧЕЧНИК	Nutmeg или En-R-Gee	Адреналиновое истощение
НЁБНАЯ МИНДАЛИНА	Lemon	Сожаление/угрызения совести (винить себя)
НЁБО	Brain Power или GeneYus	Туман в голове
НЕВИННОСТЬ (ДЕВСТВЕННОСТЬ)	Cistus (Rose of Sharon)	Спасатель
НЕВИННОСТЬ (ДЕВСТВЕННОСТЬ)	Inner Child	Искажение
НЕПРОХОДИМОСТЬ ЛИМФЫ	RC	Истощение, опустошение
НЕРВ	Peace & Calming	Синдром жертвы
НЕРВ	Tarragon	Мучимый

АКТИВНАЯ ТОЧКА	ЭФИРНОЕ МАСЛО	ЭМОЦИЯ
НЕРВ	White Angelica	Слабость
ОБОЛОЧКА МЫШЦ	PanAway	Боязнь эмоций
ОБОЛОЧКИ ГОЛОВНОГО МОЗГА	Gathering	Порабощенный
ОБЩИЙ ЖЕЛЧНЫЙ ПРОТОК	Lemon	Расстройство
ОБЩИЙ ЖЕЛЧНЫЙ ПРОТОК	Thieves	Скрытность, трусость, коварство
ОБЪЕМ КРОВОТОКА	Forgiveness	Самоотречение
ОБЪЕМ КРОВОТОКА	Melaleuca Ericifolia (Rosalina) или Tea Tree	Лишенный сил, прав и полномочий
ОКОЛОУШНАЯ ЖЕЛЕЗА	Eucalyptus Globulus	Боязнь рабства, уз или зависимости
ПАЗУХА	Lemon	Застрявший
ПАЗУХА	Raven	Дискомфорт
ПАРАЗИТЫ	Grounding	Скука, тоска
ПАРАЩИТОВИДНАЯ ЖЕЛЕЗА	Lemon	Уверенность, что мне все должны
ПАРАЩИТОВИДНАЯ ЖЕЛЕЗА	White Angelica	Дисгармония
ПЕЙЕРОВЫ БЛЯШКИ	Ginger	Нехватка
ПЕРВОЕ РЕБРО	Basil	Манипуляция
ПЕРЕДНИЙ РОДНИЧОК	Oregano	Боязнь полноты и совершенства
ПЕРЕДНИЙ РОДНИЧОК	Patchouli	Дерзкий вызов
ПЕРЕДНИЙ РОДНИЧОК	White Angelica	Слабость
ПЕРИКАРД	Humility	Недостаточно хорош(а)
ПЕЧЁНОЧНЫЙ ПРОТОК	Joy	Горемычный, обездоленный
ПЕЧЁНОЧНЫЙ ПРОТОК	Ledum	Ненавидеть или ненависть
ПЕЧЁНОЧНЫЙ ПРОТОК	Lemongrass	Негодование
ПЕЧЕНЬ	Mountain Savory	Упрямый
ПЕЧЕНЬ	Purification	Гнев
ПЕЧЕНЬ	Purification	Жестокость
ПИЩЕВОД	Abundance	Беспокойство
ПИЩЕВОД	Peace & Calming	Испуганный
ПИЩЕВОД	Surrender	Параноидный
ПИЩЕВОД	White Angelica	Кризис
ПЛЕВРА	Eucalyptus	Физический стресс

АКТИВНАЯ ТОЧКА	ЭФИРНОЕ МАСЛО	ЭМОЦИЯ
ПЛЕВРА	Lemon	Притесняемый, заглушенный
ПЛЕВРА	Release	Уныние, подавленное состояние
ПОДВЗДОШНАЯ КИШКА	Acceptance	Неуверенность в себе, незащищенность
ПОДВЗДОШНАЯ КИШКА	Cardamom	Жалость к себе
ПОДВЗДОШНАЯ КИШКА	Common Sense	Контроль и сдерживание путем нападок
ПОДЖЕЛУДОЧНАЯ ЖЕЛЕЗА	Citrus Fresh	Нежелание здесь находиться
ПОДЖЕЛУДОЧНАЯ ЖЕЛЕЗА	Forgiveness	Предательство
ПОЗВОНОЧНИК	Citronella	Бесхарактерный, безвольный
ПОЗВОНОЧНИК	Copaiba	Ложь
ПОЗВОНОЧНИК	Hong Kuai	Крутящиеся колеса
ПОЗВОНОЧНИК	Lemon	Боязнь изоляции
ПОЗВОНОЧНЫЙ ДИСК	Spikenard или Egyptian Gold	Злоупотребление волей
ПОПЕРЕЧНЫЕ ВОЛОКНА	White Angelica	Решимость
ПОЧКА	3 Wise Men	Боязнь любви (боязнь полюбить, страх любви, боязнь быть непривлекательной)
ПОЧКА	Chivalry или Highest Potential	Бессильный, не имеющий влияния
ПОЧКА	Gathering	(Чувствовать себя) плохо
ПОЧКА	Juniper	Умалчивание, утаивание
ПОЧКА	Valor или Valor II	Гонимый
ПРОСТАТА/МАТКА	Forgiveness	Недоверие
ПРОСТАТА/МАТКА	Release	Утрата своей идентичности
ПРОСТАТА/МАТКА	Sensation	Подвергшийся насилию
ПРОСТАТА/МАТКА	Shutrun	Импотенция
ПРОТОК ПОДЖЕЛУДОЧНОЙ ЖЕЛЕЗЫ	Humility	Уставший
ПРОТОК ПОДЖЕЛУДОЧНОЙ ЖЕЛЕЗЫ	Spearmint	Ленивый
ПРЯМАЯ КИШКА	Present Time	Сопротивление переменам
РЕТИКУЛЯРНАЯ АКТИВИРУЮЩАЯ СИСТЕМА	Oregano	Уязвимый
РНК	Inner Child	Оставление, дезертирство
РНК	Live with Passion	Нажим, давление

АКТИВНАЯ ТОЧКА	ЭФИРНОЕ МАСЛО	ЭМОЦИЯ
СВЯЗКА	Birch или JuvaFlex или Idaho Balsam Fir или Wintergreen	Ощущение отсутствия поддержки
СЕЛЕЗЕНКА	Believe	Нечестность
СЕЛЕЗЕНКА	Clarity	Комплекс вины
СЕЛЕЗЕНКА	Ledum	Неблагодарный
СЕЛЕЗЕНКА	Transformation	Какая польза
СЕМЕННЫЕ МЕШОЧКИ/ ФАЛЛОПИЕВЫ ТРУБЫ	Harmony	Страх наказания или самобичевание
СЕРДЕЧНАЯ МЫШЦА	Exodus II	Жадно стремящийся
СЕРДЕЧНАЯ МЫШЦА	Geranium	Желание угождать
СЕРДЕЧНАЯ МЫШЦА	Palo Santo	Стирание из памяти, забывание
СЕРДЕЧНАЯ МЫШЦА	White Angelica	Слабость
СЕРДЕЧНАЯ МЫШЦА – 4-Я ЧАКРА	White Angelica	Жадность
СЕРДЦЕ	Palo Santo	Гнетущая тоска и душевная боль
СЕРДЦЕ	White Angelica	Одиночество
СИГМОВИДНАЯ КИШКА	Present Time	Подавленные или зажатые эмоции
СЛИЗИСТЫЕ ОБОЛОЧКИ	Pine	Быть незначительным по положению в обществе
СЛЮННЫЕ ЖЕЛЕЗЫ	Thieves	Неопределенность
СОЕДИНИТЕЛЬНАЯ ТКАНЬ	Legacy или Oregano	Неприязнь, токсичность (химическая, электромагнитная, эмоциональная)
СОЛНЕЧНОЕ СПЛЕТЕНИЕ	Acceptance	Непричастность
СОЛНЕЧНОЕ СПЛЕТЕНИЕ	Exodus II	Обреченный
СОЛНЕЧНОЕ СПЛЕТЕНИЕ	Joy	Осуждение
СОЛНЕЧНОЕ СПЛЕТЕНИЕ	Transformation	(Ощущение) загнанности
СОЛНЕЧНОЕ СПЛЕТЕНИЕ	White Angelica	Сочувствие
СОЛНЕЧНОЕ СПЛЕТЕНИЕ – 3-Я ЧАКРА	Sacred Mountain	Быть частью массового сознания
СПИННОЙ МОЗГ	Humlity	Быть меньше чем
СПИННОЙ МОЗГ	Inspiration	Обессиленный, немощный
СПИННОЙ МОЗГ	Peppermint	Ограничение
СПИННОМОЗГОВАЯ ЖИДКОСТЬ	Australian Kuranya	Досада

АКТИВНАЯ ТОЧКА	ЭФИРНОЕ МАСЛО	ЭМОЦИЯ
СПИННОМОЗГОВАЯ ЖИД-КОСТЬ	ImmuPower	Самопожертвование
СРЕДНЕЕ УХО	Frankincense	Рассеянность, головокружение
СРЕДНЕЕ УХО	Frankincense	Головокружение, рассеянность
СТАФИЛОКОКК	Purification	Быть в одиночестве
СТРЕПТОКОКК	Harmony	Быть игнорируемым
СУСТАВЫ/ХРЯЩИ	JuvaFlex или Birch	Обделенный
СУХОЖИЛИЕ	Lemongrass	Должен
СУХОЖИЛЬНЫЕ НИТИ	Build Your Dream	Угнетенный
СУХОЖИЛЬНЫЕ НИТИ	Grapefruit	Тяготы, смятение, стресс
СУХОЖИЛЬНЫЕ НИТИ	Orange	Насмешка
СУХОЖИЛЬНЫЕ НИТИ	Relieve it	Травма
СУХОЖИЛЬНЫЕ НИТИ	Spikenard или Melissa	Отчужденный
СУХОЖИЛЬНЫЕ НИТИ	Ylang Ylang	Опустошенный
ТАЛАМУС	Peppermint	Боязнь зависимости
ТАЛАМУС	Tea Tree	Глупый
ТВОРЧЕСТВО	Life with passion	Обида
ТЕМЕННОЙ ГЛАЗ	Abundance	Борьба
ТЕМЕННОЙ ГЛАЗ	Vetiver	Беспокойный или чрезмерно активный ум
ТЕМЯ	Xiang Mao	Эгоистичный
ТИМУС	Peppermint	Неудача
ТОКСИЧНОСТЬ	Clary Sage	Нетерпимость (Общая)
ТОКСИЧНОСТЬ	JuvaFlex	Вина
ТОЛСТЫЙ КИШЕЧНИК	Acceptance	Неодобрение
ТОЛСТЫЙ КИШЕЧНИК	Lemon Myrtle	Промедление
ТОЛСТЫЙ КИШЕЧНИК	Release	Боязнь успеха
ТОНКИЙ КИШЕЧНИК	Cinnamon Bark	Дутый, поддельный
ТОНКИЙ КИШЕЧНИК	Highest Potential	Divisiveness
ТОНКИЙ КИШЕЧНИК	Lavender	Оставленный, брошенный
ТОНКИЙ КИШЕЧНИК	Transformation	Цинизм
ТРАВМА	PanAway	Боль
ТРАХЕЯ	Release	Удерживание (всеобщего потока)
ТРЕТИЙ ГЛАЗ	Elemi	Дьявольская дезориентация
ТРЕТИЙ ГЛАЗ	Melissa	Шок
ТРЕТИЙ ГЛАЗ	Palo Santo	Сошёл с пути/метания

АКТИВНАЯ ТОЧКА	ЭФИРНОЕ МАСЛО	ЭМОЦИЯ
ТРЕТИЙ ГЛАЗ	Palo Santo	Метания
ТРЕТИЙ ГЛАЗ	Sandalwood или Royal Hawaiian Sandalwood	Страх
ТРЕТИЙ ГЛАЗ	Sandalwood или Sacred Sandalwood	Вера (недостаток)
ТЯЖЕЛЫЕ МЕТАЛЛЫ	Legacy или Peppermint	Негибкость
УШНЫЕ КОСТИ	Inspiration	Медлительный
УШНЫЕ КОСТИ	Inspiration	Медлительность
ФАЛЛОПИЕВЫ ТРУБЫ/СЕМЕННЫЕ МЕШОЧКИ	Harmony	Страх перед наказанием или самобичевание
ФИЛЬТРУЮЩИЙ СЛОЙ	Northern Lights Blue Spruce или Northern Lights Black Spruce или Idaho Blue Spruce	Психическая атака
ФИЛЬТРУЮЩИЙ СЛОЙ	Purification	Признание
ФИЛЬТРУЮЩИЙ СЛОЙ	White Angelica	Слабость
ЦЕЛОСТНОСТЬ	Magnify Your Purpose	Замешательство
ЦЕЛОСТНОСТЬ ДУШИ	Awaken	Экспансия
ЦЕЛОСТНОСТЬ МОЗГА	Clarity	Эмоциональный стресс
ЦЕЛОСТНОСТЬ МОЗГА	Patchouli	Замкнутый
ЦЕЛОСТНОСТЬ ЭМОЦИЙ	Sandalwood или Royal Hawaiian Sandalwood	Созависимость
ЦЕНТР СЕРДЦА	Abundance	Недостаточность
ЦЕНТР СЕРДЦА	Rose	Страх близости
ЦЕНТР СЕРДЦА И ТРЕТИЙ ГЛАЗ	Idaho Balsam Fir	Разбросанный
ЦЕНТРАЛЬНАЯ КОСТЬ КРЕСТЦА	Hinoki	Недееспособный
ЦНС/ЛИМФА	Lemon	Грусть
ЦНС/ЛИМФА	Tsuga	Потерпевший крах
ЧУВСТВЕННОЕ ВОСПРИЯТИЕ	Hope	Неуважение
ШЕЙКА МАТКИ/ПЕНИС	Roman Chamomile	Оцепенение
ШЕЙКА МАТКИ/ПЕНИС – 1-Я ЧАКРА	Cedarwood или Western или Canadian Red Cedar	Выживание
ШИШКОВИДНАЯ ЖЕЛЕЗА	Sacred Mountain	Страх неизвестности
ШИШКОВИДНАЯ ЖЕЛЕЗА	Valerian	Бессонница
ШИШКОВИДНАЯ ЖЕЛЕЗА	Valor или Valor II	Замкнутость в себе

АКТИВНАЯ ТОЧКА	ЭФИРНОЕ МАСЛО	ЭМОЦИЯ
ЩИТОВИДНАЯ ЖЕЛЕЗА	Highest Potential	Поквитаться
ЩИТОВИДНАЯ ЖЕЛЕЗА	Peace & Calming	Любовь к спорам
ЩИТОВИДНАЯ ЖЕЛЕЗА	Sacred Mountain	Несправедливость
ЭГО	Frankincense	«Да пошел ты»
ЭГО	Ocotea или Humility	Оскорбленный
ЭГО	RutaVaLa	Напуганный
ЭГО	Sacred Frankincense	Нежеланный
ЭГО	Transformation	Приверженность
ЭМОЦИОНАЛЬНАЯ ТОЧКА	SARA	Принятие, согласие
ЭНЕРГЕТИЧЕСКИЙ КАНАЛ	Cistus (Rose of Sharon)	Спасатель
ЯДРА ШВА	Lavender	Боязнь признания
ЯДРА ШВА	Marjoram	Подозрительность
ЯЗЫК	Clove	Обрушиваться с критикой
ЯИЧКИ/ЯИЧНИКИ	Carrot Seed	Объятый горем
ЯИЧКИ/ЯИЧНИКИ	Clarity	Сдерживание, вытеснение из сознания
ЯИЧКИ/ЯИЧНИКИ	Gratitude	Небезопасно (быть собой, быть в своем теле или жить в этом мире)
ЯИЧКИ/ЯИЧНИКИ	Jorney On	Потеря себя
ЯИЧКИ/ЯИЧНИКИ	Valor или Valor II	Слабость (кажущаяся)
ЯИЧНИКИ/ЯИЧКИ	Carrot Seed	Объятый горем
ЯИЧНИКИ/ЯИЧКИ	Clarity	Сдерживание, вытеснение из сознания
ЯИЧНИКИ/ЯИЧКИ	Gratitude	Небезопасно (быть собой, быть в своем теле или жить в этом мире)
ЯИЧНИКИ/ЯИЧКИ	Jorney On	Потеря себя
ЯИЧНИКИ/ЯИЧКИ	Valor или Valor II	Слабость (кажущаяся)

СХЕМЫ

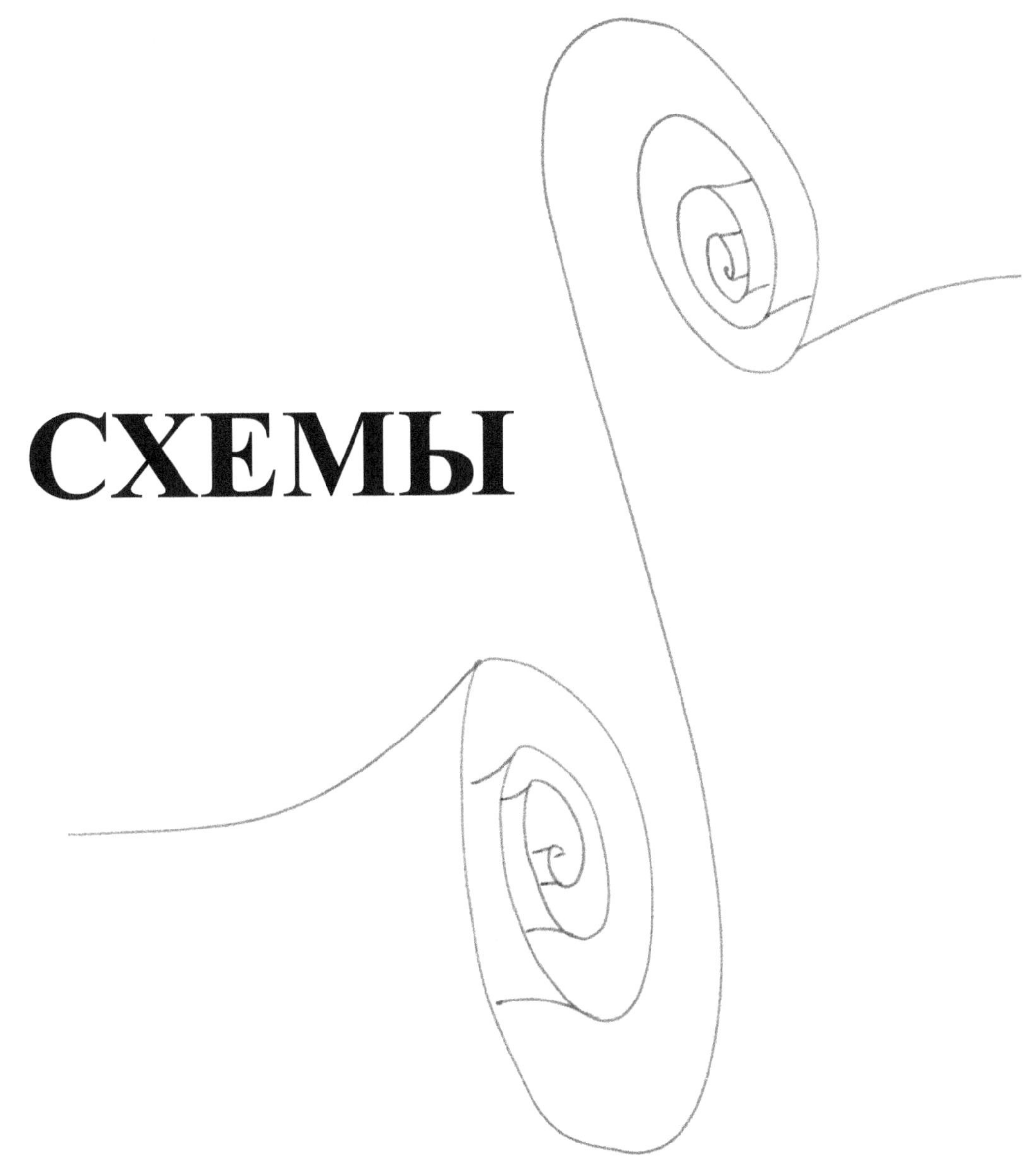

РАСПОЛОЖЕНИЕ АКТИВНЫХ ТОЧЕК НА ТЕЛЕ

Все точки расположены на обеих сторонах тела, если только не вытянуты вдоль срединной линии.

АКТИВНАЯ ТОЧКА	МЕСТОПОЛОЖЕНИЕ	СХЕМА
СХ в CV-5 кровообращение/секс	На 1 дюйм выше тревожной точки мочевого пузыря	C, E
GV-20	Макушка, срединная линия выше уха	B, F
Аденоиды	Соприкасаются с носовой костью	A, B, D
Аллергия	Правая сторона, посередине между соском и мечевидным отростком	C
Аорта	Надгрудинное углубление, CV-22 прямо над грудиной на срединной линии	A, C
Аппендикс	Правая сторона, посередине между ВППО и пупком	D, H
Артерии	Середина грудинно-ключично-сосцевидной мышцы (ГКС, шейная мышца)	B, D
Бактерии	На один дюйм выше пупка	D
Белые кровяные тельца	Медиальный конец лопаточной ости	F
Бессознательное	Висок на клиновидной кости	B, D
Бронхиальная	На 2 дюйма выше соска, сбоку от грудины	C, G
Брюшина	Два дюйма над лобковым симфизом (лонным сочленением) на срединной линии	C
Варолиев мост	Посередине между передним родничком и линией волос на срединной линии (GV-23)	A, B, D
Вены	На 1 дюйм выше мечевидного отростка на срединной линии грудинной кости	D
Вибрация	Конец мечевидного отростка	D
Вирус	На 1 дюйм ниже пупка	D, E, H
Внешнее ухо	Над ушным хрящом	B
Внутреннее ухо	Над ушным каналом	B, H
ВНЧС (височно-нижнечелюстной сустав)	Передняя нижняя челюсть под верхней челюстью, 1 дюйм вбок и вниз от скуловой кости на верхней челюсти	B
Воля в C-5	Сбоку от C-5	B, F
Высшая воля	Сзади ГКС мышцы, вбок от C3	B, F

АКТИВНАЯ ТОЧКА	МЕСТОПОЛОЖЕНИЕ	СХЕМА
Гайморова пазуха или носовая полость	Срединная линия в центр лба, 1 дюйм над третьим глазом	A, E, G, H
Гармония	На 1 дюйм выше середины лопаточной ости (БКТ)	F
Гипоталамус	Между бровями, выше носа, ниже третьего глаза	A, E
Гипофиз	Над бровями – спереди справа, сзади слева	A, E, G, H
Гиппокамп	Надглазничное отверстие (верхний срединный глаз)	A, C
Глаз	Середина века, масло наносить только на глазные точки ладоней или ступней ног	G, H
Глаз/затылочный отдел мозга	2 дюйма за задним центром уха	B, F
Глазная лимфа	Вбок и вверх от бокового угла глаза на кости	A
Головка поджелудочной железы	Левая сторона, полдюйма вбок и 2 дюйма вниз от желудка	C, E
Головка поджелудочной железы	Левая сторона, полдюйма вбок и 2 дюйма вниз от желудка	C, E
Голосовые связки	С двух сторон на 1 дюйм выше паращитовидной железы, сбоку от выступа гортани	A, B, C
Голубое пятно мозга (им-мунная система мозга)	Полдюйма вбок и вниз к затылочному бугру	B, F
Горло	Горловой выступ (Адамово яблоко)	A
Горловой выступ	Адамово яблоко	A, C
Гормон	Срединная линия, центр носа, сочленение носовой кости и хряща	A, E
Грибок	Центр нижнего срединного квадранта груди (на 1 дюйм ниже и 1 дюйм вбок от тревожной точки желудка)	E
Грудь	Верхний медиальный квадрант в под углом 45 градусов к соску на грудной ткани	D, E
Двенадцатиперстная кишка	Нижняя граница 11-го ребра, 2 дюйма вбок от соска	E
Депрессия	На 1 дюйм выше сосцевидного отростка височной кости	B
Десны/зубы	Центр верхней челюсти под скуловой костью	B, E
Диафрагма	Три дюйма по обе стороны вдоль реберного хряща, начиная с грудины	C, G
ДНК	Ушная мочка	B
Добавочная доля селе-зенки	В одном дюйме (2,5 см) до селезенки	D
Дрожжи/пупок	Пуповина	C, D
Душа	Вбок и между C2 и C3	B, F
Дыхательное горло	1 дюйм ниже сочленения подбородка и шеи на срединной линии	A, C

АКТИВНАЯ ТОЧКА	МЕСТОПОЛОЖЕНИЕ	СХЕМА
Евстахиева труба	Стволовая (трубчатая) передняя часть уха сразу за козелком ушной раковины	B, G
Желудок	Возле грудинной кости, медиально к соску	C, E, G, H
Желчный пузырь	Ниже соска под грудью на правой стороне	C, G, H
Жизненная сила	На 2 дюйма ниже средней линии пупка (ниже Вируса)	E
Жизненная сила	Остистый отросток L3	F
Задний родничок	Срединная линия затылка выше затылочной кости (GV-17)	B, F
Задний родничок	Срединная линия затылка над затылочной костью	B
Задняя верхняя подвздош-ная ость (ЗВПО)	Задняя верхняя подвздошная ость	F
Защитная перегородка сердца	На 2 дюйма ниже середины ключицы	D
Зрение	Центр виска, на 1 дюйм выше челюстной дуги	B
Илеоцекальный клапан	Филум на срединной линии между носом и верхней губой	A, E, G
Иммунная	1 дюйм вбок от лимфы на латеральной верхней грудной клетке	C
Интуиция	2 дюйма ниже и 2 дюйма вбок от медиальной ключичной головки	E
Инфекция	Полдюйма вбок от макушки	B, F
Исток	Между мышцей и костью в крестцовом пространстве на срединной линии между S1 и S2	F
Капилляры	На одном уровне с основанием ребер, 2 дюйма вбок от срединной линии	D
Клеточная память	В одном дюйме над бактериями	D, H
Кожа	Конец 12-го ребра	F
Кора надпочечника	Посередине между ребрами и верхней передней подвздошной остью (ВППО) (вершина бедренной кости – передняя часть тела)	D
Корешок нерва	2 дюйма вниз и 1 дюйм вбок к медиальной ключичной головке	E
Костный мозг	Сочленение ключичной (грудной) кости (верхние 3 дюйма или 7,5 см) и тело грудины	D
Кость	Центр крестца на срединной линии	F
Крестцовая дверь	Двойное соприкосновение, 1 дюйм ниже и 1 дюйм вбок от вершины крестца	F
Кровь	Вбок от грудины на одной линии с сосками	C
Кровяное давление	Середина бицепсов	E
Легкое	1 дюйм ниже латеральной ключицы и 1 дюйм медиально к лимфати-ческой в LU-1	C, G, H

АКТИВНАЯ ТОЧКА	МЕСТОПОЛОЖЕНИЕ	СХЕМА
Лимфа	Посередине между легким и печенью (латеральная грудная клетка) (сосок)	C
Лимфатические клапаны	Угол нижних ребер на нижней границе, 1 дюйм медиально к линии соска	C
Магия	1 дюйм вбок от пупка	C
Макушка	Срединная линия в вершина черепа между родничками (GV-21)	B, C, F
Материальное тело	Срединная линия под нижней губой	A
Матка/простата	Срединная линия на лобковой кости	C
Миндалина	На линии роста волос над серединой глаза	A, C
Мозг	Срединная линия – на линии волос (GV-24)	A, B, E, G, H
Мочевой пузырь	Срединная линия, на 3 дюйма выше лонного сочленения (лобковой кости)	C, E, G, H
Мужество	На 3 дюйма выше и на 1 дюйм вбок от пупка	E
Мышца	Сочленение L5 и S1	F
Надгортанный хрящ	Двусторонний в одном дюйме вбок и на 1 дюйм ниже горлового выступа	A, B, D
Надкостница	Середина дорсальной поверхности на тыльной стороне ладони	H
Надпочечник	В двух дюймах (5 см) вверх и вбок от пупка в 45 градусов	D, G, H
Нёбная миндалина	Под подбородком, посередине между центром и углом челюсти	B, D, H
Нёбо	Прижмите кончик языка или большой палец руки к центру нёба, или сосите большой палец для правильной настройки мозга	Нет на схеме
Невинность	Центр глаза между глазом и надглазничной костью	A, B
Непроходимость лимфы	Нижний латеральный угол груди	C
Нерв	3 дюйма над медиальным концом ости лопатки наверху плеча (верх плеч между шеей и плечом)	C, D, F
Оболочка мышц	Большой вертел бедренной кости	E, H
Оболочки головного мозга	Затылочный выступ на 2 дюйма выше и на 3 дюйма вбок от заднего родничка	B, F
Общий желчный проток	На боку, на одной линии с желчным пузырем и поджелудочной железой	C, H
Околоушная железа	Под углом к нижней челюсти	B
Паразиты	Середина правого паха на паховой связке	D
Паращитовидная железа	1 дюйм вбок от Адамова яблока	A, B, D, G, H
Пейеровы бляшки	1 дюйм вбок и вверх по отношению к лимфатическим клапанам на нижнем ребре	D

АКТИВНАЯ ТОЧКА	МЕСТОПОЛОЖЕНИЕ	СХЕМА
Первое ребро	Сочленение шеи и плеча на боку	C, F
Передний родничок	Макушка в срединная линия за лобной костью	B
Передний родничок	Макушка в срединная линия за лобной костью (ГВ-22)	B
Перикардий	1 дюйм выше соска вбок от грудины	E
Печёночный проток	Правая сторона, между 7-ым и 8-ым ребром	E
Печень	Сосок груди	C, D, G, H
Пищевод	На 1 дюйм ниже соска возле грудины	E, G
Плевра	Передняя подмышечная впадина под грудной мышцей	C
Плесень или грибок	Центр нижнего латерального квадранта груди (под углом 45 градусов к соску)	D
Подвздошная кишка	10-е ребро на боку	E
Поджелудочная железа	Левая сторона ниже груди на одной линии с соском	C, G, H
Позвоночник	Основание затылочного выступа на сочленении шеи и головы (GV-15)	B, F, H
Позвоночный диск	Сразу под латеральной ключицей над тревожной точкой легкого	D
Поперечные волокна	Верх ушного хряща	B, F
Почка	1 дюйм вверх и вбок от пупка в под углом 45 градусов	D, G, H
Придаток селезенки	В 1 дюйме перед селезенкой	D
Проток поджелудочной железы	Левая сторона, 3 дюйма ниже соска и 2 дюйма в медиальной плоскости	E
Прямая кишка	Левая сторона, посередине между ВППО и лобком	E, G
Ретикулярная активирующая система	1 дюйм латерально и 1 дюйм вверх от заднего родничка	B, F
РНК	1 дюйм латерально между задним родничком и шишковидной железой	B, F
C1	Вбок от шейного позвонка в С1	B, F
Связка (сухожилие)	Крестцово-подвздошная связка в верхнее сочленение бедра и крестца	F, H
Селезенка	2 дюйма выше нижнего края ребер на боку	D, G, H
Семенные мешочки/фаллопиевы трубы	Фаллопиевы трубы, 1 дюйм вбок и выше латеральной границы лобка	C
Сердечная мышца	Середина грудины	C
Сердечные (сухожильные) нити	На 2 дюйма выше грудного соска	D
Сердце	Нижняя челюсть, посередине между челюстным углом и подбородком	B, G, H
Сигмовидная кишка	Посередине между ВППО и пупком на левой стороне	E, G
Слизистые оболочки	Кончик носа	A, C

АКТИВНАЯ ТОЧКА	МЕСТОПОЛОЖЕНИЕ	СХЕМА
Слюнные железы	За челюстью на шее ниже уха, за ушной мочкой	B
Соединительная ткань	За верхним концом ГКС мышцы	B
Солнечное сплетение	3 дюйма ниже мечевидного отростка или срединной линии	D, G
Сосцевидный отросток височной кости	За челюстью ниже уха	B
Сосцевидный отросток височной кости	За челюстью под ухом	B
Спинной мозг	2 дюйма вбок от срединной линии между шишковидной железой и позвоночником	B, F
Спинномозговая жидкость	Голова, на срединной линии между макушкой и задним родничком (GV-19)	B, F
Среднее ухо	Сразу над козелком ушной раковины	B
Стафилококк	Вершина мышцы ГКС, на 1 дюйм ниже уха на шее	B
Стрептококк	Выше середины ключицы (на воротниковой кости)	A, C
Суставы и хрящи	Второе межкостное пространство возле грудины	E
Сухожилие	Вбок от позвоночника вдоль основания затылочного выступа	B, F
Таламус	Слезная кость в боковины носовой кости	A, B, E
Творчество	1 дюйм по медиане и на 1 дюйм выше медиальной ости лопатки	F
Теменной глаз	На 1 дюйм вбок от переднего родничка	B
Тимус (вилочковая железа)	Под ключицей, сбоку от манубриума в K-27	A, C
Токсичность	2 дюйма ниже соска возле грудинной кости	E
Толстый кишечник	1 дюйм вниз и вбок от пупка в под углом 45 градусов	D, G, H
Тонкий кишечник	Посередине между последним ребром и ВППО в талия	E, F, G, H
Травма, повреждение	Пространство медиальное к сочленению латеральной ключицы и лопатки на верхней части плеча	E, F
Трахея	Срединная линия под основанием гортани, на 1 дюйм ниже выступа гортани (Адамова яблока)	A, B, C
Третий глаз	Срединная линия выше бровей между гипоталамусом и гайморовой полостью	A, E
Третий глаз	Срединная линия прямо над бровями между гипоталамусом и гайморовой полостью	A, E
Тяжелые металлы	Верхняя передняя подвздошная ость (ВППО)	E
Ухо, внешнее	Над ушным хрящом	B
Ухо, внутреннее	Над ушным каналом	B, H
Ухо, среднее	Прямо над козелком ушной раковины	B

АКТИВНАЯ ТОЧКА	МЕСТОПОЛОЖЕНИЕ	СХЕМА
Ушные кости	За ушным хрящом на одной линии с ушным каналом	B
Ушные кости	За ушным хрящом на одной линии с ушным каналом	B
Фаллопиевы трубы/семенные мешочки	На 1 дюйм вбок и выше бокового края лобка	C
Фильтрующий слой	Один дюйм вбок от позвоночника и на 1 дюйм выше затылочного выступа	B, F
Хара	На 2 дюйма ниже мечевидного отростка (основание грудины)	D
Целостность в L3	2 дюйма вбок от L3	F
Целостность души	1 дюйм спереди и на 1 дюйм выше центра верхушки уха	B
Целостность мозга	На 1 дюйм выше центра вершины уха	B, F
Целостность эмоций	Между надглазничным отверстием и таламусом	A, B, E
Центр сердца	На 3 дюйма выше и на 2 дюйма вбок от тревожной точки желудка	E
ЦНС/лимфа (центр. нерв. система)	Подбородок и шейное сочленение на срединной линии	A, B, C
Чувственное восприятие	Верхний внешний угол над глазом, ниже брови	A
Шейка матки/пенис	На 1 дюйм выше лонного сочленения	C
Шишковидная железа	Затылочный бугор	B, F, H
Щитовидная железа	Чуть выше медиальной ключичной головки	A, C, G, H
Эго	На дюйм ниже мечевидного отростка (основания грудины)	E
Эмоциональная точка	Лобный бугор	A
Энергетический канал	В двух дюймах по срединной линии от ВППО	C
Ядро шва в мозге	Выше заднего родничка на срединной линии (GV-18)	B, F
Язык	Верхняя треть мышцы ГКС – передняя граница	B
Яички	Верхняя внутренняя часть бедра (ляжки)	C
Яичники	1 дюйм медиально к ВППО	C

ПРИМЕЧАНИЕ. Один дюйм – это расстояние, примерно равное длине второй фаланги указательного пальца большинства людей. Большая часть точек не превышает по размеру четверть дюйма (6 мм). Хотя желательно быть как можно точнее, не стоит быть чрезмерно догматичным в этом вопросе.

СХЕМА А

ЛИЦО (АНФАС)

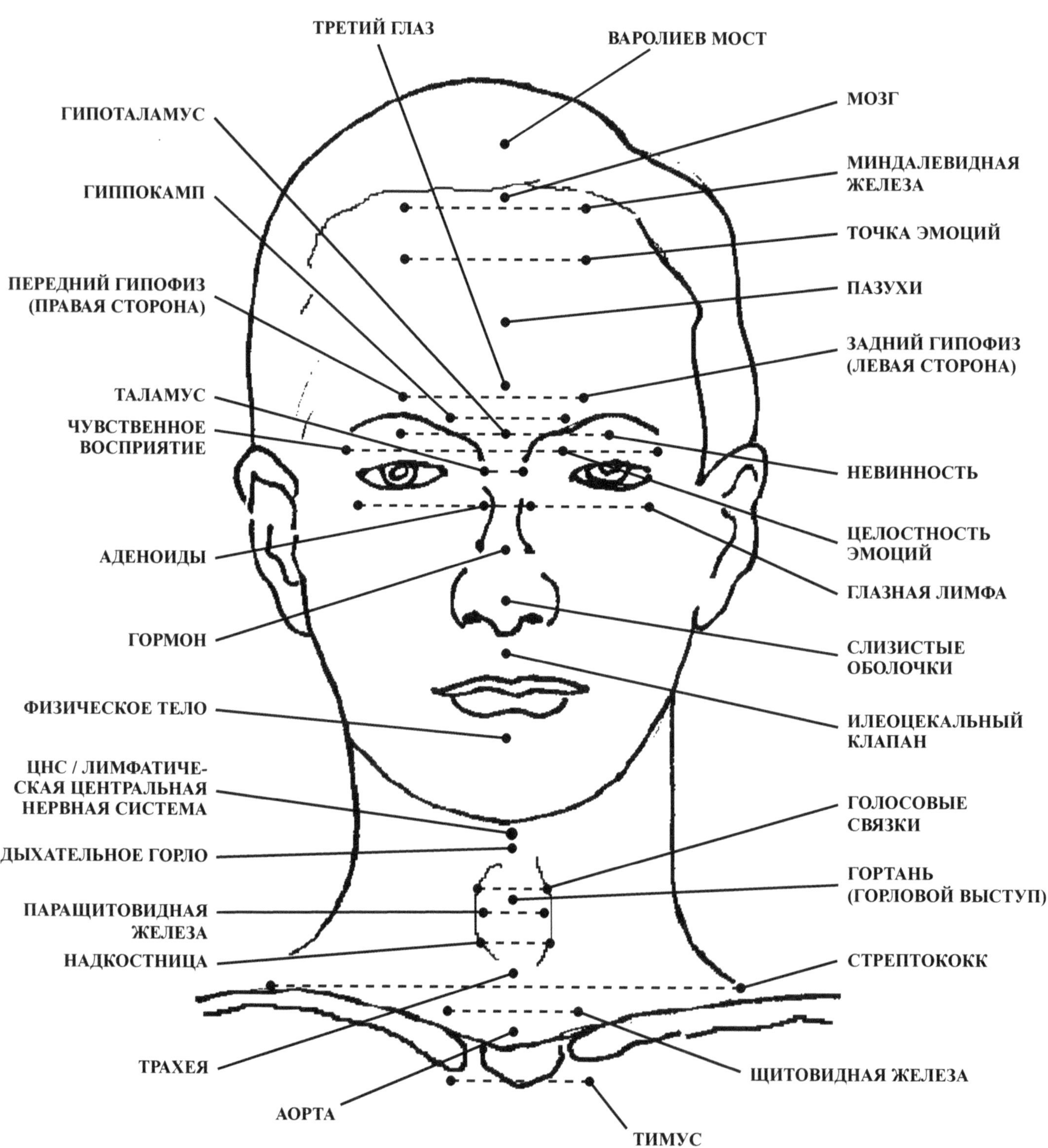

СХЕМА В

ЛИЦО (ПРОФИЛЬ)

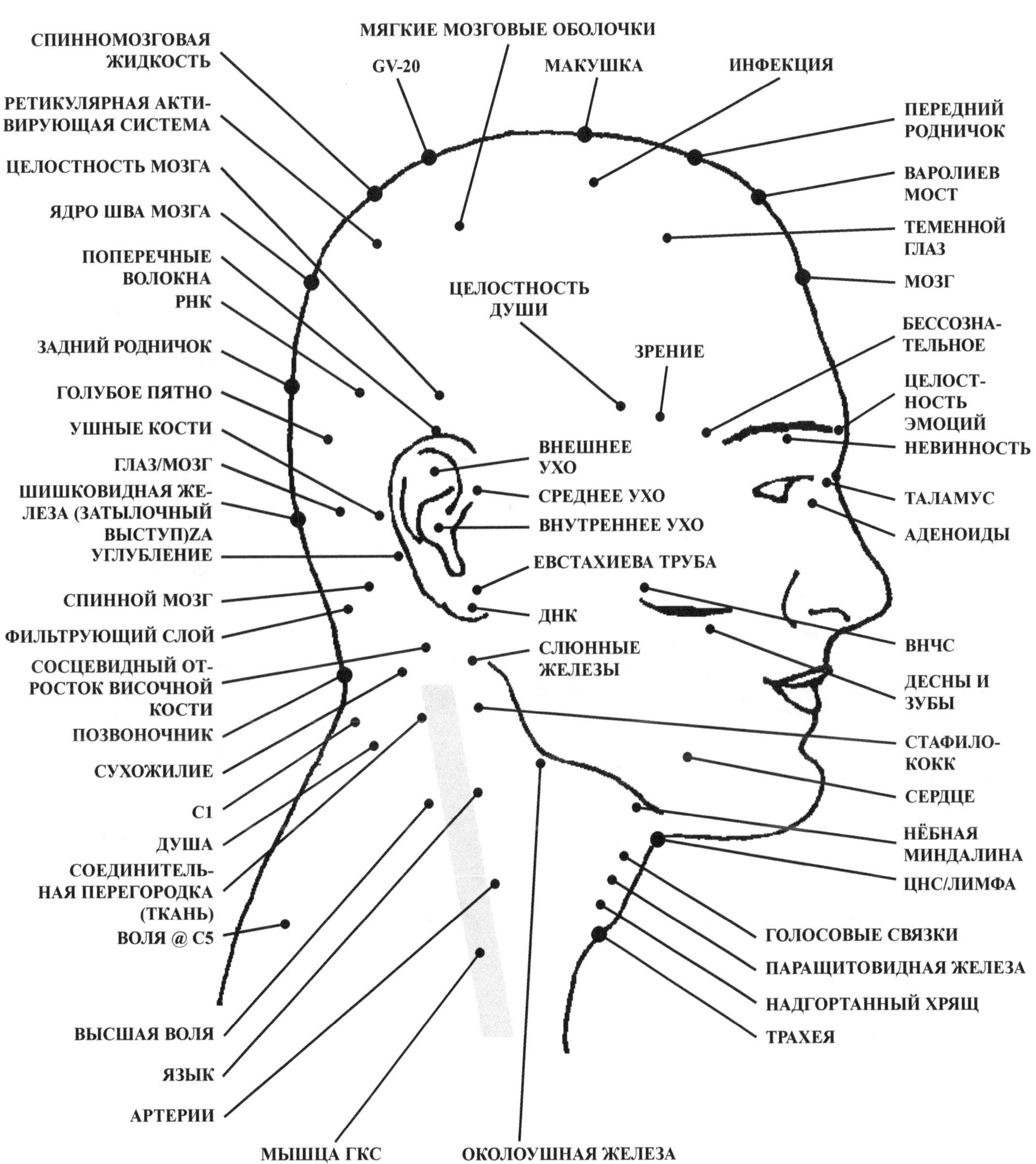

СХЕМА С

ПЕРЕДНЯЯ ЧАСТЬ ТУЛОВИЩА 1

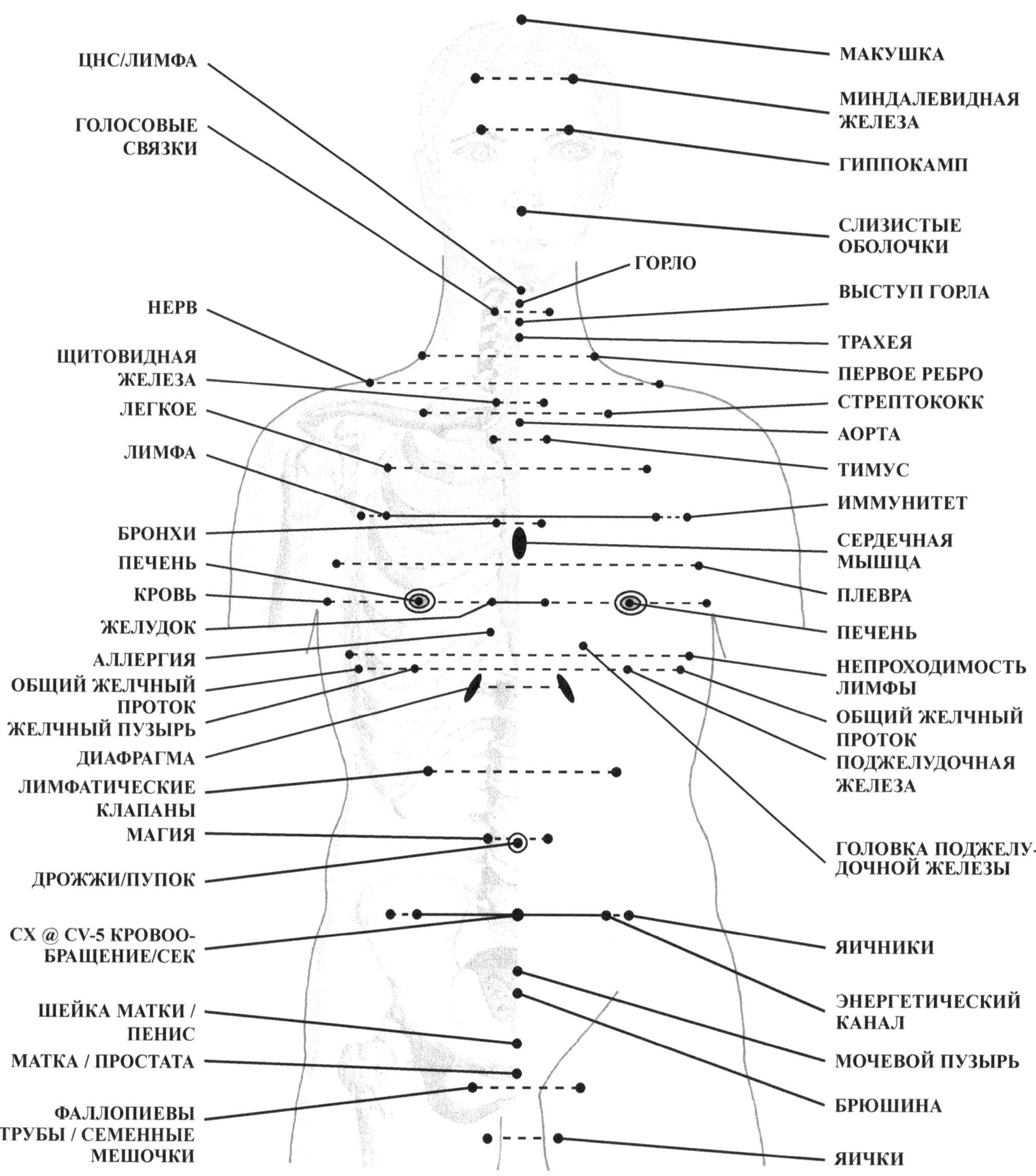

СХЕМА D

ПЕРЕДНЯЯ ЧАСТЬ ТУЛОВИЩА 2

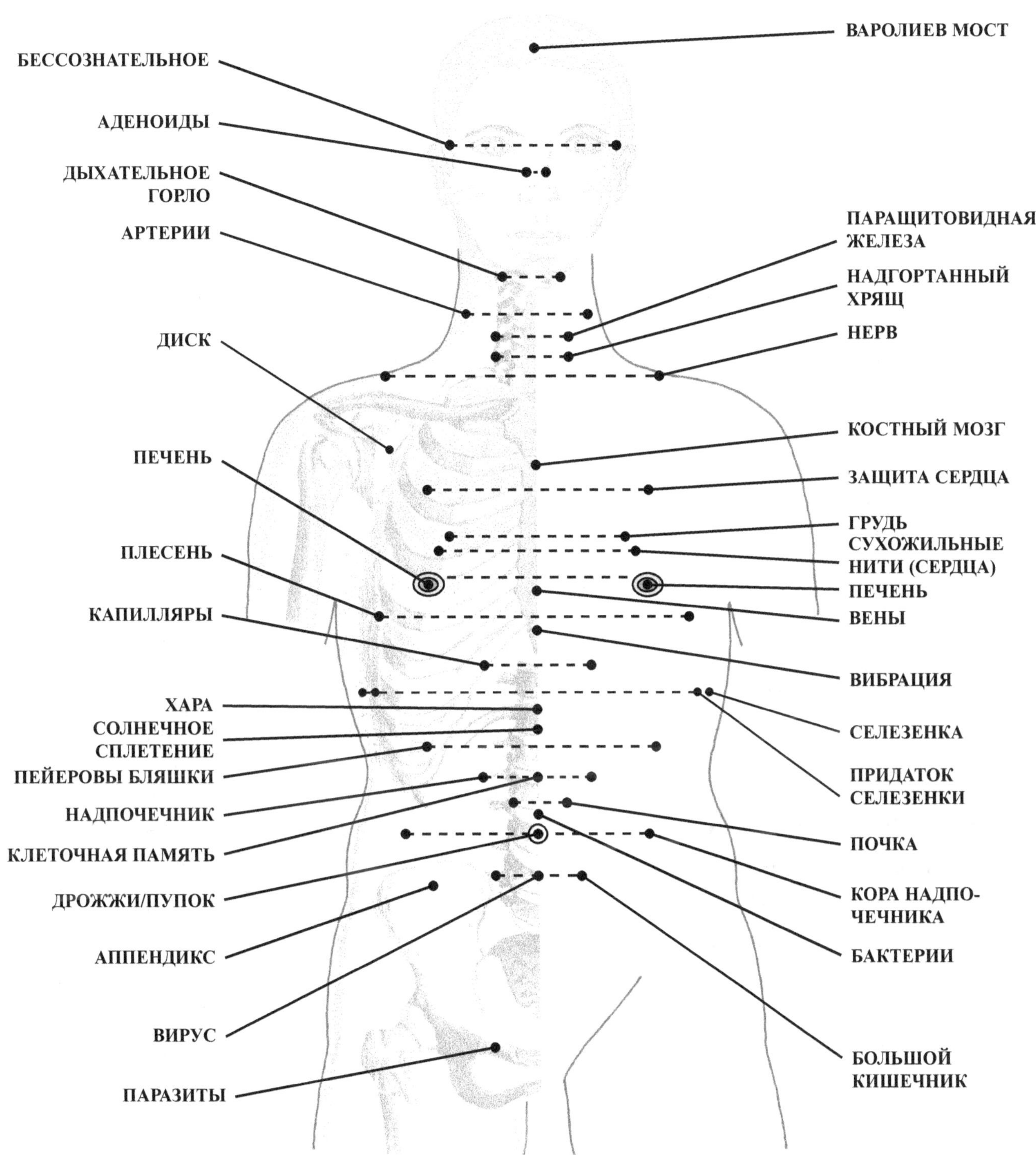

СХЕМА E

ПЕРЕДНЯЯ ЧАСТЬ ТУЛОВИЩА 3

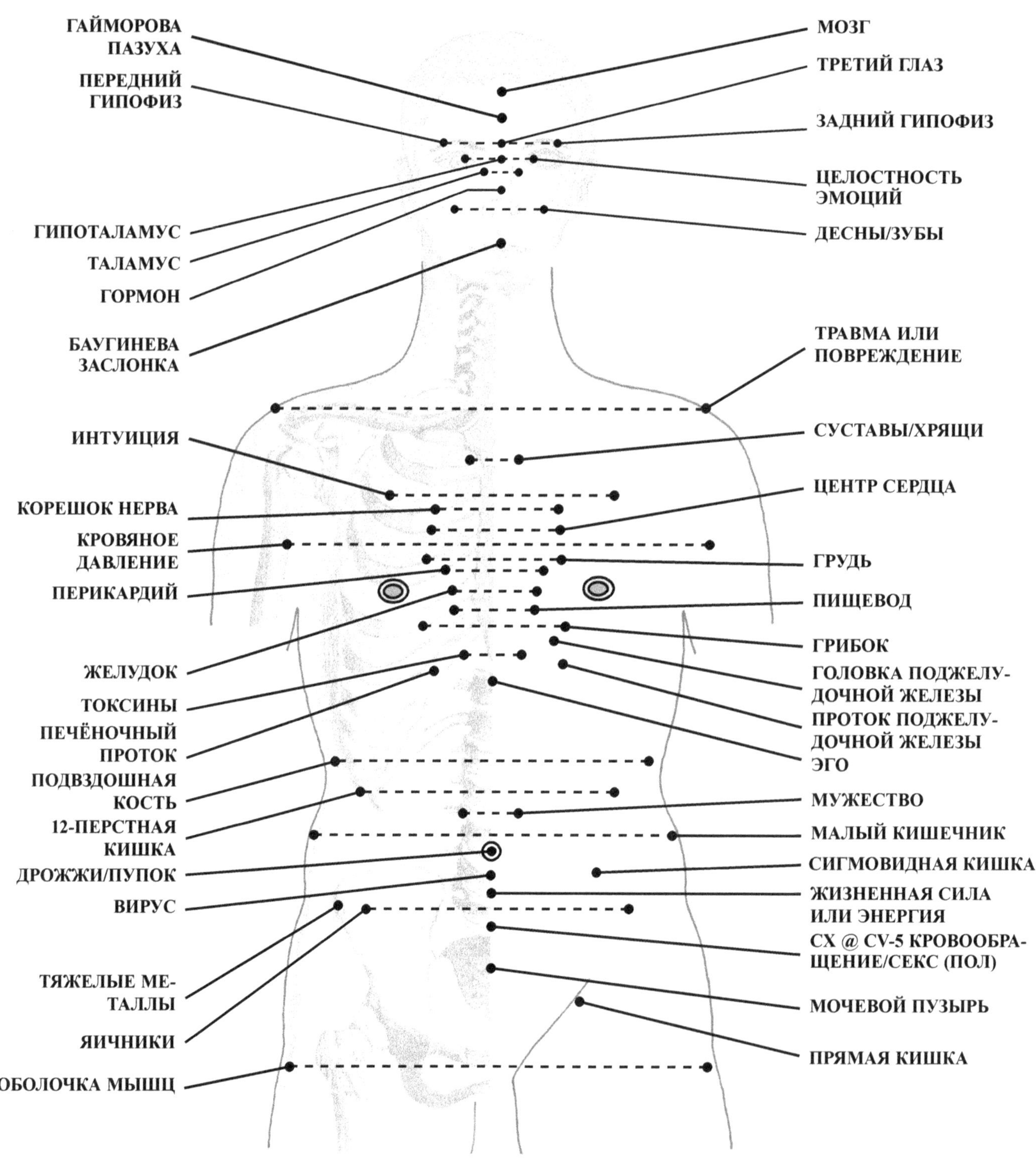

СХЕМА F

ЗАДНЯЯ ЧАСТЬ ТУЛОВИЩА

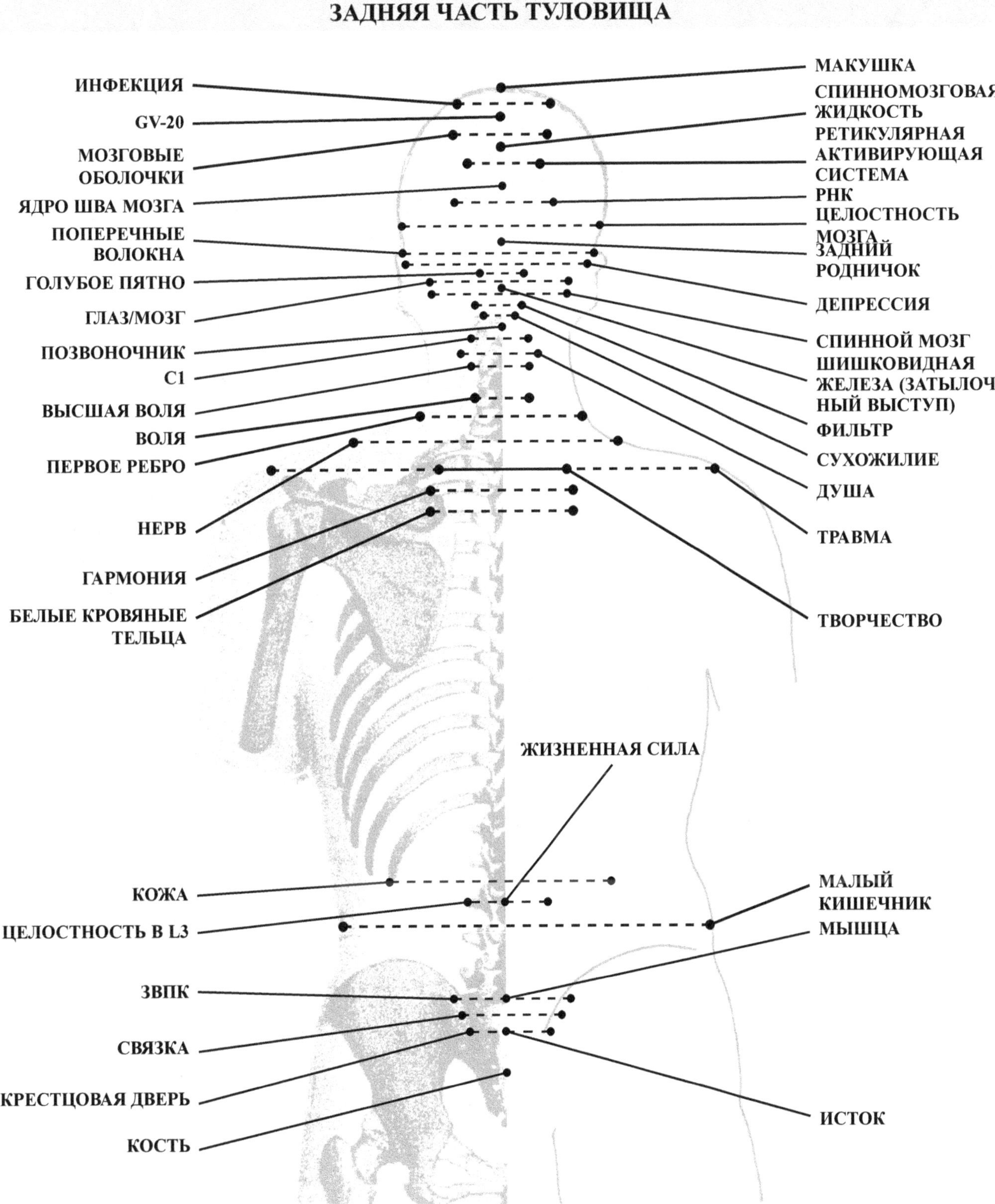

СХЕМА G

АКТИВНЫЕ ТОЧКИ СТУПНЕЙ

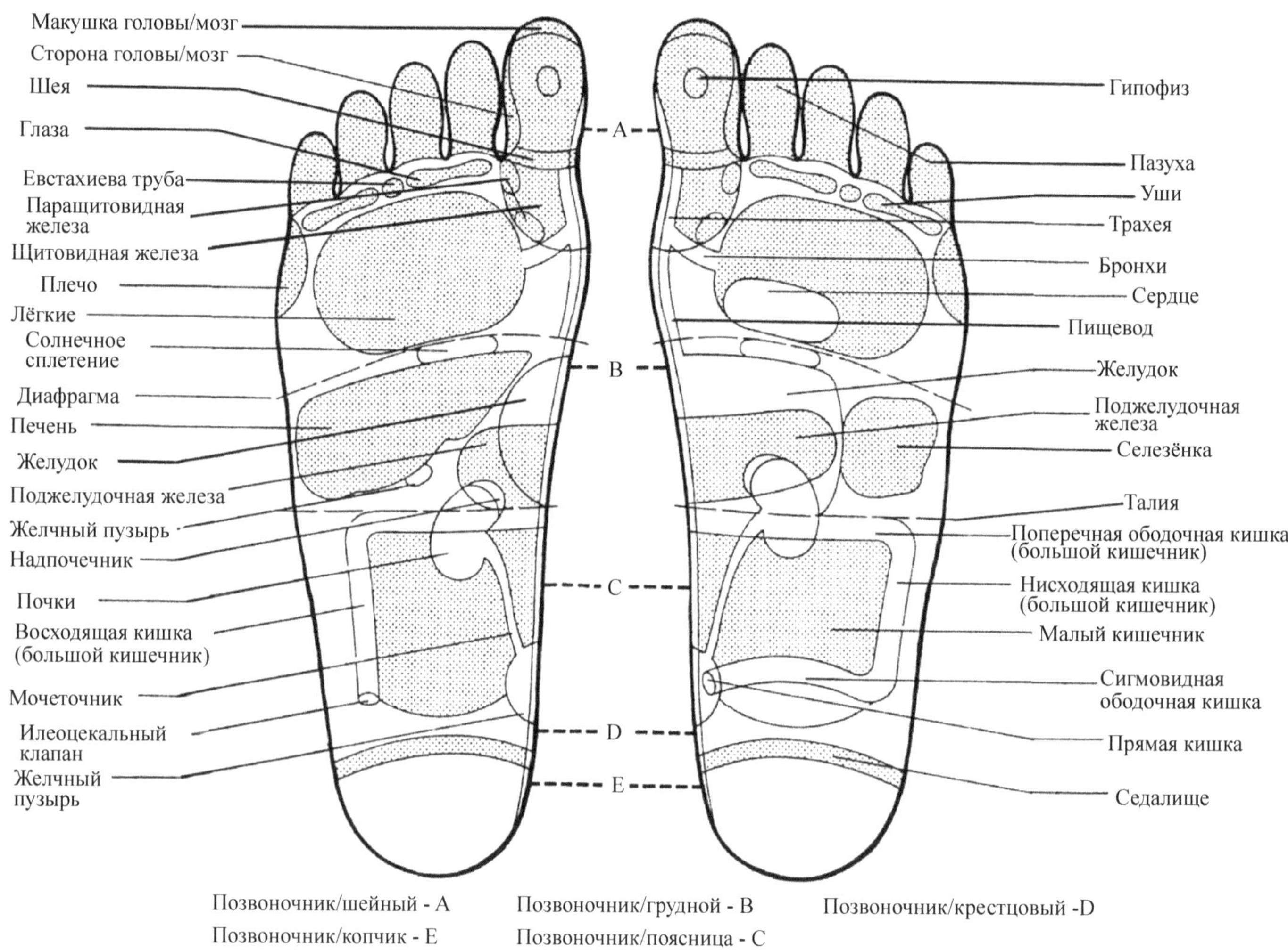

Для работы с определённым органом масла можно наносить на ступни, на активные точки тела или и туда, и туда.

СХЕМА F

Руки

АЛЬТЕРНАТИВЫ ДЛЯ ТРУДНОДОСТУПНЫХ ТОЧЕК

Поскольку некоторые активные точки, такие как точка печени, труднодоступны в общественных местах, при работе над глубоко укоренившимися шаблонами, требующими частных процедур, имеет смысл использовать точки на руках. В некоторых случаях, когда точка на теле или ступне чрезвычайно чувствительна, использование аналогичной точки на ладони бывает не менее действенным. Активные точки на ладонях и ступнях могут использоваться в дополнение к точкам на теле или вместо них. Работайте с точками на обеих ладонях, даже если они показаны на схеме только на одной.

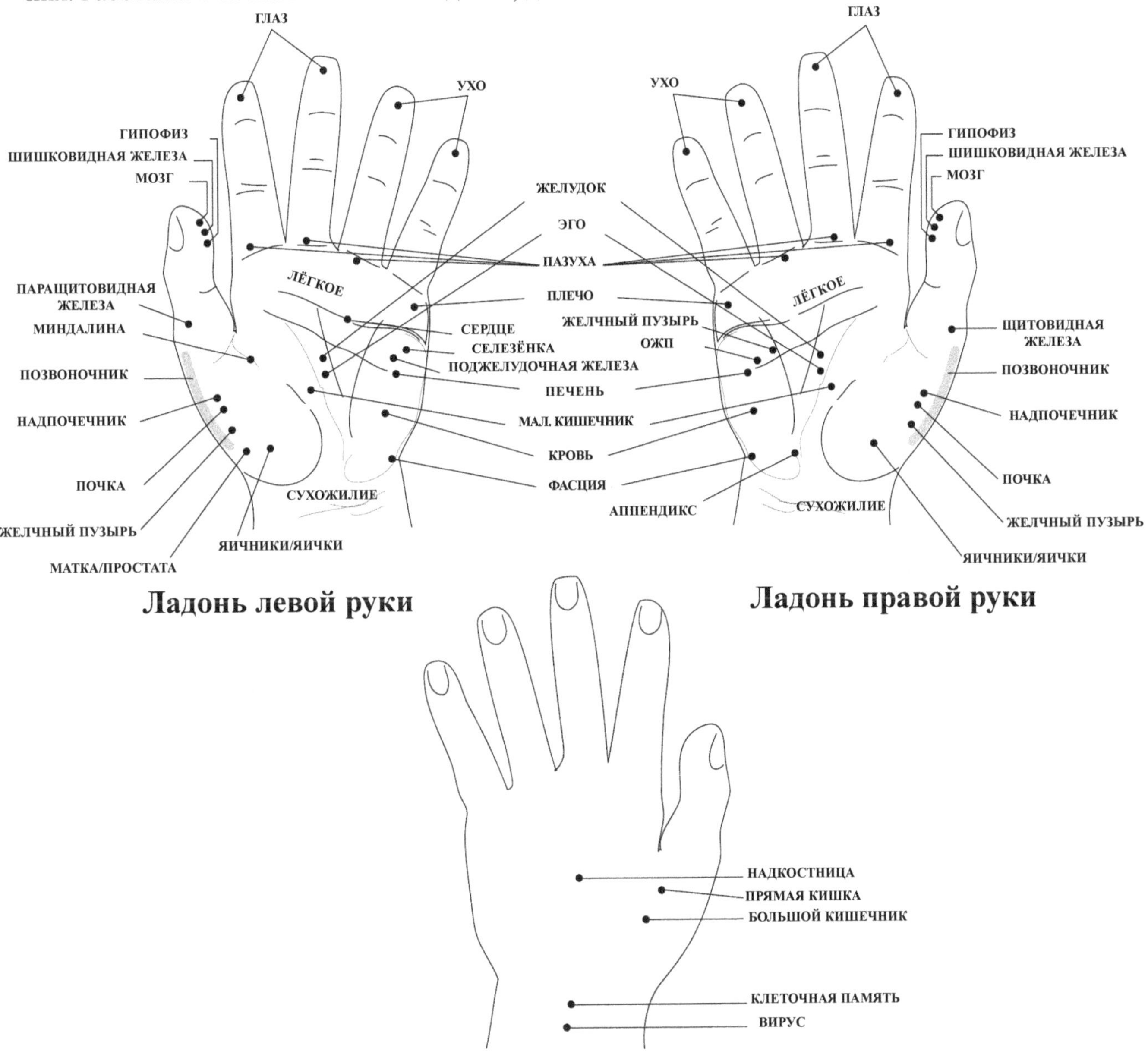

Ладонь левой руки **Ладонь правой руки**

Тыльная сторона ладони

Дополнительные техники сброса

ОБНАРУЖЕНИЕ ДОПОЛНИТЕЛЬНЫХ ЭМОЦИОНАЛЬНЫХ ШАБЛОНОВ

Теперь, когда вы знаете, как сбрасывать очевидные эмоции, всплывающие на поверхность, можно начать поиск эмоций, окружающих корневую проблему. Коренная проблема — это место концентрации разрушительной энергии. Обычно она проявляется постоянно, и её легко распознать. Примеры таких проблем — отвержение, оставление, гнев и контроль.

Работа с коренными проблемами и их «щупальцами»

Самый простой способ обнаружения и распознавания коренных проблем и связанных с ними «щупалец» — это наблюдение за своими шаблонными реакциями. Когда вы постоянно злитесь на человека или ситуацию, это может означать, что у вас выработался условный рефлекс. Вы можете кричать, бить посуду, закрываться от человека в комнате или, наоборот, выходить, хлопая дверью — это часть условного рефлекса.

Наблюдая за рефлексами, можно выявить свои эмоции и проблемы. Если вы остро реагируете на какую-то ситуацию, проанализируйте свои чувства.

Возможно, вы замечали, что в определённых ситуациях — например, когда кто-то высказывает отличное от вашего мнение — у вас возникают неприятные ощущения? Если вам удаётся заглянуть внутрь себя, исследовать ощущения и установить местоположение эмоций в теле, поймать себя на собственных мыслях, когда вы задаётесь вопросом о том, что происходит, обычно наступает реакция отвержения. Это значит, что вам удалось выявить коренной эмоциональный шаблон.

Допустим, вы несколько дней работаете над сбросом эмоции отвержения и оказываетесь в аналогичной ситуации, когда кто-то высказывает мнение, отличное от вашего. Возможно, на этот раз энергетика мощнее, и на подсознательном уровне вы ощущаете угрозу. Вашим спонтанным откликом была бы бурная реакция, связанная с эмоцией конфликта. Наряду с конфликтом, появляется потребность в контроле — вы хотите чувствовать себя в полной безопасности. Как только вы сможете избавиться от воспринимаемой угрозы, появляется чувство, что вас предали и не уважают, вы вините оппонента. Когда проходит обида, снова появляется отвержение, а затем развивается синдром жертвы. Понимая, что в таком ослабленном и уязвимом состоянии вы не сможете спокойно жить в этом мире, вы поддаётесь искушению сказать что-то вроде «да пошёл ты!». Если ничего не помогает, вы ощущаете себя неудачником.

Отвержение

(коренная проблема/эмоция)

Угроза   Конфликт   Контроль

Предательство

Неуважение/вина

Страдание — отвержение

Жертва

Пошёл ты

Неудача

Мы описали некоторые из наиболее распространённых родственных эмоций. Исследуйте себя на предмет того, какие из них вы реально испытываете. Одновременно работая над несколькими эмоциями, вы сможете намного быстрее сбросить эмоциональный заряд, чем борясь с одной лишь коренной проблемой.

«Щупальца» контроля

Цель эго — обеспечить нашу безопасность, а один из главных его средств защиты — это контроль. Любой контроль основан на страхе. Следовательно, у всех нас в той или иной степени есть проблемы с контролем. Мы стараемся держать всё под контролем — себя, других и окружающий мир. Чтобы определить, нужно ли вам работать с контролем, спросите себя: «Ты боишься, что тебя будут контролировать? Или ты чувствуешь потребность держать всё под контролем? Или и то, и другое?» Большинство людей испытывают и потребность контролировать ситуацию, и страх контроля. Однако, однако доминирует что-то одно.

Страх оказаться под контролем

В число проявлений страха контроля входят стремление работать в одиночестве, желание быть самому себе начальником и трудности при командной работе. Даже соблюдение сроков, особенно определённых кем-то другим, может заставить страх контроля всплыть на поверхность.

Любой, кого сильно контролировали — в детстве или в сознательном возрасте — и кто страдал от этого, может стать жертвой страха контроля.

Эмоции, связанные с этим страхом — это страх перед властью или авторитетами, страх ограничений, боязнь зависимости, неуважения, доминирования, подавления или отсутствия свободы самовыражения.

Если страх контроля — это ваша коренная проблема, вы будете на взводе в любой ситуации, отдалённо напоминающей то время, когда вы пережили внутреннюю травму. Ваша реакция на «доминирование» может быть несообразна реальному положению дел, и вам может казаться, что некто пытается господствовать над вами, даже если это просто сильный человек. Эта реакция может возникать в связи с любыми эмоциями, связанными с контролем.

Недисциплинированность дома и на работе может быть показателем страха контроля. Вы считаете дисциплину инструментом, который может помочь вам достичь баланса в жизни? Если в вашей жизни не хватает порядка, вам стоит проверить, не связано ли это со страхом контроля.

Даже наведение порядка в своих делах может привести к тому, что страх контроля всплывёт на поверхность. Любой порядок — даже тот, который установили вы сами — может вызвать ощущение стеснённости, подчинения, ограниченности или подавления.

Потребность держать всё под контролем

Потребность держать всё под контролем может быть следствием страха контроля. Один из способов не оказаться под контролем — самому держать всё под контролем каждую минуту. Если это имеет прямое отношение к вам, см «Страх оказаться под контролем» выше.

Потребность держать все под контролем обычно проявляется в виде желания всё делать по-своему, так, как вам этого хочется, контролировать результат, выполнять задачи вовремя, правильно и успешно.

Дети, потребности которых не удовлетворялись в силу некомпетентности взрослых, могут затем стремиться держать всё под контролем, и это будет их коренной проблемой. Они могут быть глубоко убеждены в том, что «если хочешь что-то сделать хорошо, сделай это сам».

С потребностью держать всё под контролем связаны такие эмоции, как недоверие к старшим по рангу, зависимость, игнорирование, саботаж и отсутствие помощи и поддержки.

Если ваша коренная проблема — потребность все держать под контролем, то, наверное, вы достигли совершенства в том, чтобы делать всё самостоятельно. Скорее всего, вы считаете большинство остальных людей некомпетентными. После сброса шаблона «потребность держать всё под контролем» ваше отношение к людям будет зависит от того, кто они есть, а не от того, компетентны ли они в какой-либо области.

Проблемы контроля — как страх контроля, так и потребность держать всё под контролем — могут разрушать семьи, дружбу, деловые отношения и партнёрства любого рода. Представьте двух людей, работающих или живущих вместе — один боится оказаться под контролем, а у другого ярко выражена потребность всё держать под контролем. Всё, что будет делать или говорить один из них, будет немедленно раздражать другого. А теперь представим, что оба человека сбрасывают свои шаблоны. Они смогут свободно выражать любовь и уважение друг к другу, их отношения станут динамично развиваться — это просто невозможно, когда у обоих есть проблемы с контролем.

Проблемы выживания

Среди фундаментальных вопросов выживания — «страх утраты», который пробуждает воспоминания, хранящиеся в клеточной памяти: проиграть сражение в этом случае равнозначно тому, чтобы потерять жизнь. Страх утраты пробуждается всякий раз, когда вы оказываетесь в конфликте или разногласиях с другим человеком. При конфликте в это случае обычно пробуждаются воспоминания, связанные с утратой чего-либо — бизнеса или дружбы, например. Решение здесь в том, чтобы изменить правила игры и подход — с «выиграл/проиграл» на «выиграл/выиграл», то есть возможность взаимного роста.

Страх оказаться неправым связан с потерей лица, боязнью оказаться недостаточно хорошим, чего-то лишиться, потерпеть неудачу. На самом же деле всё это — реальные возможности для роста, шанс выйти из зоны комфорта, узнать о своих слабостях и понять, в каком направлении следует двигаться.

Некоторые эмоции, такие как предательство, заставляют отрицаемые нами мысли и чувства переходить в сознательную форму. Обратная сторона предательства — это верность. Прежде всего, верность себе. Наш внешний мир отражает то, что происходит внутри нас, и чувствовать себя преданным может лишь тот, кто отчасти предаёт сам себя. Установка «я достаточно смел, чтобы принять правду» позволяет истине открыться. Она поднимает на поверхность глубинные страхи, например страх неудачи или страх конфликта. Как только человек признает эти эмоции, он сможет избавиться от них. Вы сможете добавить другие масла, если поймёте, что вам нужно параллельно работать над избавлением от целого ряда эмоциональных шаблонов.

Когда вы сталкиваетесь с серьёзными проблемами, такими как предательство, ваша жизнь может измениться, потому что всплывают те части вашего естества, которые вы ранее отрицали, но которые вы больше не можете игнорировать. Поэтому, хотя процедура сброса может быть весьма непростой, вы получите награду, и часто большую, чем вы могли бы предположить.

Общее очищение

Мы живём в отравленной среде, дышим загрязнённым воздухом и пьём загрязнённую воду. Компьютеры и телефоны постоянно бомбардируют нас электромагнитными волнами, а наша еда полна ароматизаторов и консервантов. Мы постоянно находимся под воздействием химикатов. Но, поскольку мы живём в двойственном мире, я знала, что у токсичности должна быть и положительная сторона. Иначе почему тогда она увеличивается с каждым годом? Мы не только отравляем себя химикатами, но и сами обрекаем себя на стресс, позволяя себе скатываться в негативное состояние.

Испытывая отрицательные эмоции, мы усиливаем или создаём эмоциональный шаблон. Сначала мы ощущаем энергию в середине тела, в районе живота или груди; затем эмоции поднимаются к голове, воздействуя на гормональную систему.

Затем отключается пищеварительная система, и пища в кишечнике загнивает, наполняя организм токсинами. Масло *Legacy* оказывает благотворное воздействие на нижнюю часть тела, включая систему выведения шлаков.

Противоположная сторона токсичности — трансформация, которая означает движение вперёд, к возвышенному сознанию. Выходом здесь станет фраза «в бездну» — как будто вы собираетесь попасть в центр урагана или «пролезть через игольное ушко». Нужно пройти в небольшое спокойное место внутри себя, проскользнуть через щель — точку пересечения знака бесконечности. При этом следует применять масло *Legacy*, нанося его на активную точку, расположенную на задней стороне верхней трети грудино-ключично-сосцевидной мышцы (ГКС), находящейся между ухом и шейным отделом позвоночника у основания черепа.

Как и при любой очистке, можно использовать точку высвобождения в верхней части спины и точки фильтрации на затылке.

Эффект от сброса будет поразительным — заблокированная энергия высвобождается, а вы обретаете ясность в глазах. Глаза становятся просто невероятными: в них возвращается жизнь, они начинают блестеть и светиться. Туман в сознании рассеивается, жизненная сила наполняет всё тело, у вас появляется ощущение прилива сил. Очистка от внутренних токсинов часто даёт ощущение твёрдого стояния на земле. Связанная эмоция — затруднение. Затруднение связано с вызовами, которые бросает нам жизнь, а обратная его сторона проистекает из места познания.

Масло Legacy
Чувство: токсичность — от загрязнения окружающей среды, продуктов питания, воздуха и воды, электромагнитного воздействия, химикатов и отрицательных эмоций.
Обратная сторона: трансформация
Активная точка: соединительная ткань
Выход: «в бездну».

Эмоция: затруднение
Обратная сторона: знание
Активная точка: ЗВПК
Выход: «Я двигаюсь вместе с жизнью».

Следующее масло — *Release,* которое воздействует на центр тела. Одни из самых распространенных негативных эмоций — это страх оказаться неправым и боязнь успеха. Страх оказаться неправым сосредоточен в добавочной доле селезёнки, которая находится перед селезёнкой. Селезёнка — основной орган, связанный с иммунной системой. Хронические отрицательные эмоции подавляют иммунную функцию. В селезёнке хранится чувство вины. Мы чувствуем себя виноватыми, потому что считаем, что сделали что-то не так.

Еще одна распространённая эмоция, с которой желательно работать — это боязнь успеха. Обратная её сторона — отвержение. Если вы боитесь успеха, что вы получаете? Отвержение. Вы ощущаете себя комфортнее, когда вас отвергают, поскольку это знакомое чувство, в отличие от неведомого успеха. Это ведёт к тому, что человек начинает использовать саботаж в качестве средства защиты. Если вы не желаете принять успех, считаете, что не заслужили его, или не сможете с ним справиться, это значит, что вы отвергаете успех. Выход — «Я принимаю осознанность».

Масло Release

Эмоция: страх оказаться неправым

Обратная сторона: осознанность

Активная точка: добавочная доля селезёнки

Выход: «я верен своему Истоку».

Эмоция: боязнь успеха

Обратная сторона: отвержение

Активная точка: большой кишечник

Выход: «я принимаю осознанность».

Масло *Peppermint* (Перечная мята) благотворно влияет на голову и горло. Это антибактериальное, противогрибковое и антивирусное масло, а также средство для улучшения пищеварения. Связанные с ним эмоции — это ограничение и неудача. Ограничение запоминается в спинном мозге. Это область мозга, которая контролирует произвольные и непроизвольные мышечные сокращения. Непроизвольные мышечные сокращения контролируют сердцебиение, дыхательную систему и пищеварение. Родственная эмоция — страх неудачи. Неудачи хранится в тимусе, который является частью иммунной системы. Добавление масла *Peppermint* в питьевую воду смягчает и успокаивает воспалённое горло, а также улучшает качество питьевой воды. Добавляя это масло, начните с одной капли, а затем увеличивайте дозу по желанию. Возьмите большой стакан, наполовину наполните его водой, добавьте одну каплю масла *Peppermint,* наполните стакан водой и пейте эту воду целый день. Когда ваш стакан опустеет, добавьте ещё воды. В стакане останется немного масла, поэтому добавлять его необязательно.

Масло Peppermint

Эмоция: ограничение

Обратная сторона: мобильность

Активная точка: костный мозг

Выход: «Я открыт новому».

Эмоция: неудача

Обратная сторона: признание

Активная точка: тимус

Выход: «Я принимаю рост».

МИРНЫЙ ВОИН

Нам внушают, что мы все связаны друг с другом, что мы единое целое. Но если это так, почему в мире столько дисгармонии и непонимания? Разве жизнь не была бы проще, если бы все думали одинаково? Даже семьи и пары не живут в идеальной гармонии. Если мы не ладим с людьми, которых сильно любим, как можно ожидать, что мы будем жить в согласии и гармонии с людьми, которые нам вовсе не нравятся? Вместе с тем все религии и духовные течения проповедует любовь в качестве высшей цели и решения всех наших проблем. Я считаю, что это идеалистичный подход, который крайне сложно реализовать в жизни, особенно когда меня кто-то ругает или критикует. Именно поэтому я написала эту книгу. Я чувствовала, что нам нужен мост, практическое руководство по сдвигу от негативных эмоций, основанных на страхе, к эмоциям, основанным на любви.

Я отношусь к типу «Щитовидная железа», моими сильными квадрантами являются Разум и Дух, и поэтому мой подход к эмоциям и некомфортным ситуациям — это, во-первых, стремление понять ситуацию (разум), а затем определить, какой урок нужно вынести из неё (дух). Вскоре я обнаружила, что этого недостаточно. Поскольку наш мир двойственен, что наглядно продемонстрировал Эйнштейн в теории относительности, вполне естественно, что у эмоций имеется как негативное (страх), так и позитивное (любовь) выражение. Следовательно, когда кто-то ведет себя агрессивно со мной, мне необходимо заглянуть внутрь себя, чтобы понять, какие мои действия или помыслы обусловили или сделали для меня неизбежным это переживание (принятие личной ответственности, сфера духа). Мой следующий шаг — получить доступ к высокому уровню, или другой стороне, эмоции (разум). В данном примере с агрессией это уважение. Тогда я глубоко прочувствую обе стороны эмоции. Нужно позволить всем чувствам выплеснуться наружу, прямо до слёз.

Теперь наступает время доступа к физическому телу. Эмоции хранятся в клеточной памяти. Они сосредоточиваются в органах или областях тела с соответствующей вибрационной частотой, а также в лимфатической системе мозга. Контакт с эмоциональными точками на лбу открывает доступ к эмоциональному каналу, а вдыхание соответствующего масла — в данном случае это *Valor* (Доблесть) — и произнесение установки «Я люблю» создает новый канал, или мост, от агрессии к уважению. Нанесение масла *Valor* на соответствующую тревожную точку тела — в нашем примере это кора надпочечника — позволяет мне освободить клеточную память и выбрать новый путь. Это строит новый шаблон, и вместо того, чтобы отвечать на агрессивные замечания агрессией, я смогу ответить любовью и позволить другому человеку остаться при своем мнении, тем самым переводя конфликт в мирную плоскость.

27 августа 2003 года Марс максимально приблизился к Земле, заставляя всплыть на поверхность все приписываемые ему качества и став центром внимания для всего человечества. Поскольку действие Марса будет ощущаться ещё двадцать лет, научиться справляться с ним критически важно. Главные атрибуты Марса — это энергия, движение, постановка и достижение целей, быстрота в делах, нетерпеливость, раздражение, война и необходимость общаться. Общение — это первый шаг к разрешению конфликта, совершенно необходимый для достижения мира во всем мире.

Разрешение конфликта состоит из четырёх этапов. Первый шаг — это диалог, который может быть взрывным и нелогичным. Слова нередко произносятся в эмоциональном порыве и необязательно отражают текущую ситуацию, которая вроде бы их спровоцировала. Они часто несут в себе прошлый эмоциональный багаж (карму). Как только энергия выплеснулась, самое время взглянуть на факты и определить, что реально, а что иллюзорно. Третий шаг — это задание вопросов. На этом этапе потребуется проявить интерес к другому человеку, попытаться поставить себя на его место и увидеть ситуацию его глазами. Последний шаг — это обсуждение. Здесь нужно, учитывая мнения обеих сторон, предложить жизнеспособное решение, которое станет беспроигрышным для обеих сторон — как сейчас, так и на перспективу. Такое решение — это духовный аспект, соответствующий вынесенному уроку и выраженный в установке выхода, которую можно найти в таблице эмоций в этой книге.

В прошлом в разрешении конфликтов полагались на священников, королей и судей. Сейчас мы вступаем в эпоху, в которой овладеть искусством разрешения конфликтов потребуется всем. В IX веке король Артур, создав орден рыцарей круглого стола, открыл новый способ разрешения конфликтов. Кодекс чести рыцаря круглого стола гласил, что нужно жить, стремясь полностью реализовать свой потенциал, претворяя желание поквитаться с соперником в личные свершения, вытесняя раздражение счастьем. Рыцарским поступком считалось заступаться за слабых, бесправных и угнетённых. Персиваль — один из рыцарей легендарного круглого стола — говорил, что самоочищение заключается в задании нужных вопросов в нужное время. Поиск Святого Грааля — это процесс становления свободного человека и освобождения от старых шаблонов, которые делают нас пленниками негативного поведения.

Один из лучших способов выявить негативные шаблоны — это попытаться увидеть, какие эмоции мы притягиваем в процессе построения отношений. Отрицательные эмоции хорошо известны, и их легче всего распознать. Они представляют собой прекрасную точку входа. Стресс — это самая распространённая жалоба, а конфликт — главная её причина. Конфликт хранится в коре надпочечника, а боязнь взглянуть в лицо миру — в надпочечных железах. Чтобы стать мирным воином — рыцарем круглого стола, где все одинаково уважаемы, — нужно не подливать масла в огонь, отвечая на агрессию агрессией, а быть спокойным. Для спокойствия и мира необходимо встречать негативный шаблон более высокой частотой, действуя из места внутреннего спокойствия.

Я отобрала 12 эфирных масел, которые следует использовать наряду с маслами, содействующими Гармонии чакр. Два вида масел, содействующих Гармонии чакр, которые мне особенно нравится включать в программу — это Sacred Mountain и Idaho Balsam Fir. Sacred Mountain имеет отношение к третьей чакре в солнечном сплетении, которая связана с ощущением себя частью массового сознания. Масло Idaho Balsam Fir связано с восьмой чакрой, которая балансирует все чакры и усиливает намѐрснис вѐрнуть тѐло, разум и дух в состояние совершенства.

В Набор Мирного воина входит 12 эфирных масел: Peace & Calming, Purification, Peppermint, Frankincense, Valor, Lavender, Lemon, Harmony, Clarity, Juva Flex, Common Sense и Highest Potential, а также краткое руководство, которое будет удобно использовать в стрессовых ситуациях.

Персиваль говорил, что для перемен нужны самоанализ и самопознание. Ответ на вопрос, как прийти к самопознанию и самообладанию, скрыт в нашем теле. Один из самых простых способов читать тело — это обратиться к системе желёз, которая не только управляет нашим организмом, но и хранит нашу судьбу на ближайшую жизнь. Главная железа тела — гипофиз, функция которого заключается в управлении щитовидной железой, обычно ассоциирующейся с обменом веществ в организме. Большую роль играют также надпочечные железы, которые отвечают за самообладание в стрессовых ситуациях. Поджелудочная железа и связанные с ней органы отвечают за пищеварение. За остальные функции тела также отвечают соответствующие железы, органы и системы. Известно 25 основных типов телосложения, каждый из которых находится под своей доминирующих железы, органа или системы. У каждого есть характерные черты, описанные ранее в разделе «Соединительные точки».

Хотя мы задействуем в жизни все стороны характера, две из них проявляются у нас легко и естественно, а две другие нам приходится развивать всю жизнь. Самый легкий способ развить рецессивные стороны характера — находиться в окружении людей, доминантные стороны характера которых противоположны нашим. Но у такого способа есть недостаток — люди, характер которых противоположен вашему, мыслят не так, как вы. Это может приводить к конфликтам до тех пор, пока обе стороны не разовьют рецессивные стороны своего характера настолько, чтобы воспринимать их как сильные стороны другой стороны.

Существует множество способов определить доминантные стороны своего характера. Астрологи делят людей на четыре стихии в зависимости от знака зодиака, специалисты по цвету — на четыре времени года, народные культуры — на четыре стороны света, а психология — на четыре типа личности. Каждая из четырёх стихий — это один из шагов, необходимых для разрешения конфликта. В таблице ниже показаны стихии и соответствующие им частоты.

СТОРОНЫ ХА-РАКТЕРА	СТИХИИ	ОБЩЕНИЕ	НАПРАВЛЕНИЕ	ВРЕМЯ ГОДА
Эмоции	Огонь	Диалог	Запад	Осень
Тело	Земля	Факты	Север	Зима
Разум	Воздух	Вопросы	Восток	Весна
Дух	Вода	Обсуждение	Юг	Лето

Определение доминирующего элемента во многом поможет понять свой стиль общения и основные слабости. Для выявления своего доминирующего элемента обведите две стороны характера для своего типа телосложения. Для типа «Щитовидная железа» это разум и дух. Определите доминантную стихию, используя астрологию. У Скорпиона это вода. Проанализируйте своё общение и обведите элемент, который, как вам кажется, больше всего присутствует в вашем общении с самим собой и другими людьми. В моём случае это обсуждение. Сторона света связана со страной или местом, в котором вы чувствуете себя комфортнее всего. Для меня это Сан-Диего, штат Калифорния — юг. Какое у вас любимое время года? У меня — лето, и моя цветовая гамма соответствует ему. Это мягкие, пастельные тона, приятные и расслабляющие. Это стихия воды, которая соответствует лету.

Большинство моих ответов — в строке «вода/обсуждение», а это означает, что я всегда стремлюсь находить решение, которое будет справедливым и честным для обеих сторон. Несправедливость — это страх, который хранится в щитовидной железе, главном органе для моего типа телосложения, и это одна из моих коренных эмоциональных проблем и один из главных жизненных уроков. Часть моей жизненной миссии, или судьбы — это разрешать проблемы и споры, принимая истину. Чтобы узнать истину, необходимо задавать правильные вопросы, а это обусловливает самоочищение. Стремление к самореализации побуждает меня выражать страстное желание сделать что-то стоящее, внести ценный вклад в жизнь людей — это приносит мне наивысшее удовлетворение. Ключ к реализации своей судьбы следует искать в типе телосложения.

УШНАЯ ТЕРАПИЯ

Еще один способ выявления эмоциональных шаблонов — расположить чувствительные точки на ушах, а затем обратиться к таблице эмоций. Точки эмоций на ушах легко доступны, что позволяет легко сбросить или обнаружить эмоции. Для общего сброса нанесите масло RELEASE на все точки. Масло HARMONY хорошо подходит для общего массажа. Лучше всего начинать любую терапию с балансировки электрической системы организма путем нанесения масла VALOR на ступни ног (шесть капель на подошву каждой ступни: приложите правую ладонь к правой ступне, а левую ладонь к левой ступне, пока не синхронизируется пульсация). Когда вы достигнете электрического баланса, ваш организм легко примет более высокие частоты эмоциональных масел. Возможно, вы также пожелаете нанести на определённые точки описанные ниже масла. Масла HARMONY и FORGIVENESS положительно воздействуют на все точки. Зачастую точки, требующие наибольшего внимания, оказываются самыми чувствительными.

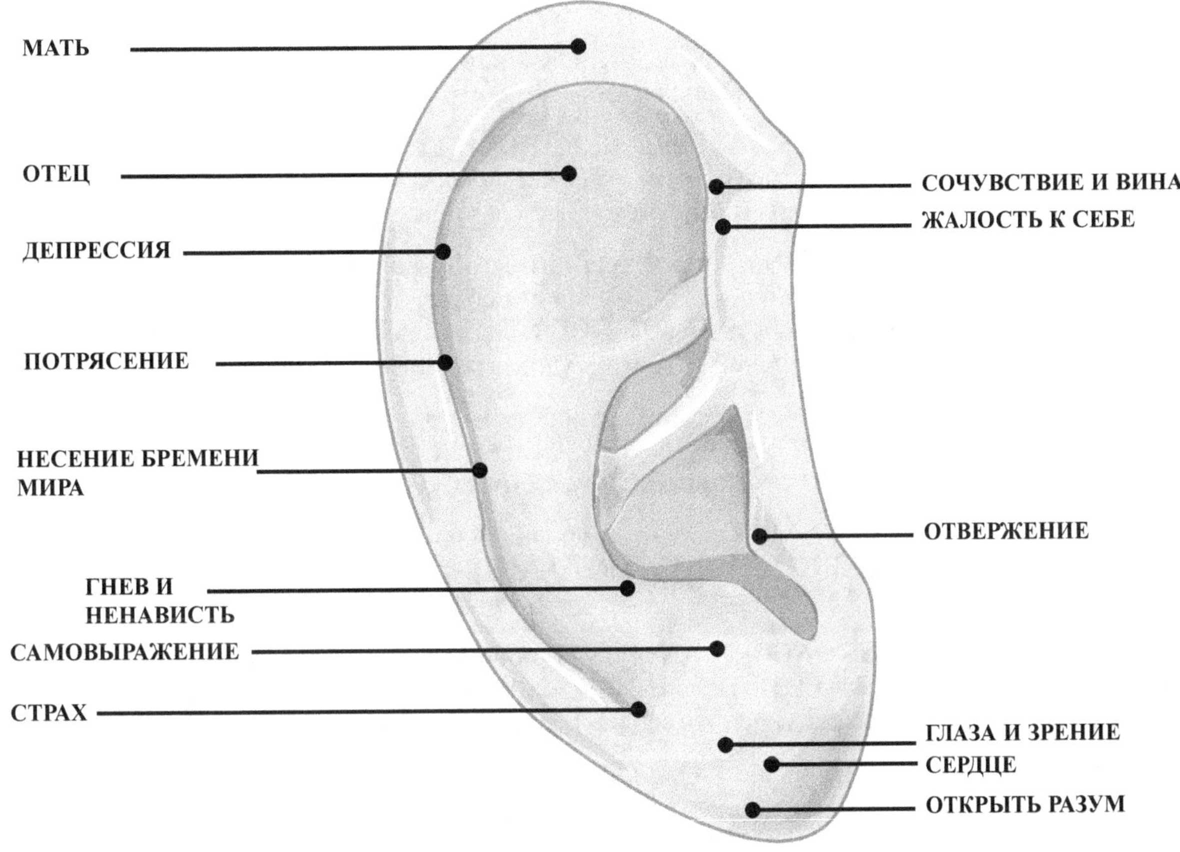

Использовать все предложенные масла необязательно — для этого может потребоваться слишком много усилий. Вместо этого выберите одну-две проблемы и ежедневно используйте несколько масел для постоянной поддержки. Также можно стимулировать точки пальцами без масла несколько раз в день. Это особенно полезно, если вы столкнулись с депрессией. «Наносить масла слоями» означает применять их одно непосредственно за другим.

---

[11] Рисунок из книги *Reference Guide for Essential Oils,* Connie and Alan Higley

ПРОБЛЕМЫ С МАТЕРЬЮ/ЖЕНЩИНОЙ: GERANIUM
Нанесите дополнительно масло YLANG YLANG, если у вас были проблемы с сексуальным насилием. Дополнительно используйте FORGIVENESS и ACCEPTANCE для решения проблем со страхом быть оставленным. Масла SARA или INNER CHILD также могут быть очень полезны.

ПРОБЛЕМЫ С ОТЦОМ/МУЖЧИНОЙ: LAVENDER
Нанесите дополнительно SARA, YLANG YLANG и RELEASE, если у вас были проблемы с сексуальным насилием. Дополнительно используйте HELICHRYSUM для устранения других проблем, связанных насилием со стороны мужчины. Это масло высвобождает глубоко запрятанный гнев. Если проблемы связаны с детскими переживаниями, хорошо помогут масла BABY и INNER CHILD.

ДЕПРЕССИЯ: при депрессии помогает большинство масел, но лучше всего —
HOPE, VALOR, JOY, LAVENDER, WHITE ANGELICA, GENTLE BABY, INNER CHILD, SARA, PEACE & CALMING, CITRUS FRESH, HUMILITY и CHRISTMAS SPIRIT.

ПОТРЯСЕНИЕ: слоями ACCEPTANCE, HOPE и VALOR или GROUNDING.

НЕСЕНИЕ БРЕМЕНИ МИРА: ACCEPTANCE, VALOR и/или RELEASE.
Если вы используете более одного масла, не забывайте, что их нужно наносить слоями.

ГНЕВ и НЕНАВИСТЬ: FORGIVENESS, ACCEPTANCE, HUMILITY, RELEASE, JOY. Для того, чтобы сбросить глубоко укоренившийся гнев и найти в себе силы простить, может потребоваться использование HELICHRYSM и/или VALOR. Если вы используете несколько масел, наносите их слоями.

САМОВЫРАЖЕНИЕ: MOTIVATION и VALOR для того, чтобы найти в себе силы заговорить. RELEASE, затем ACCEPTANCE или GATHERING для сосредоточения в разговоре. INNER CHILD, если вы потеряли свою уникальность. SURRENDER, если ваше самовыражение переходит границы. JOY для получения максимальной радости и удовлетворения от жизни.

FEAR: при наличии страха эта точка чувствительна почти всегда. VALOR слоями с ACCEPTANCE, HARMONY, RELEASE или JOY. SARA, INNER CHILD и GENTLE BABY, если проблемы связаны с детством. INTO THE FUTURE, если присутствует страх будущего.

ОТКРЫТЬ РАЗУМ: масло 3 WISE MEN связано с макушкой и пупком. ACCEPTANCE, FRANKINCENSE, GATHERING, CLARITY, MOTIVATION, SANDALWOOD, MAGNIFY YOUR PURPOSE, RELEASE.

СЕРДЦЕ: JOY, FORGIVENESS и ACCEPTANCE для принятия себя. BERGAMOT против скорби. SARA против насилия. GENTLE BABY и INNER CHILD, если проблемы связаны с детским возрастом. AROMA LIFE поможет укрепить сердце и снизить кровяное давление.

ГЛАЗА и ЗРЕНИЕ (внутреннее и внешнее): INTO THE FUTURE, DREAM CATCHER, ACCEPTANCE, 3 WISE MEN, и/или ENVISION для того, чтобы ясно видеть цель. Для укрепления зрения: 10 капель LEMONGRASS, 5 CYPRESS, 3 EUCALYPTUS на 15 г базового масла V6.

ОТВЕРЖЕНИЕ: ACCEPTANCE, сверху — FORGIVENESS. В случае отвержения со стороны матери — GERANIUM. Со стороны отца — LAVENDER.

ЖАЛОСТЬ К СЕБЕ: JOY, ACCEPTANCE и FORGIVENESS. PANAWAY, если вы испытываете очень болезненные ощущения, например, в груди. RELEASE, а затем VALOR, чтобы найти в себе смелость сдвинуться от негативного чувства.

СОЧУВСТВИЕ И ВИНА: JOY, INSPIRATION, RELEASE, PANAWAY, ACCEPTANCE. Обычно больше всего ощущается в шее и голове. Мы должны быть отзывчивы к другим людям, а не сочувствовать им. Сочувствовать значит просто испытывать то же чувство, что и другой человек. Быть отзывчивым значит понимать и протягивать руку помощи.

ПИСЬМЕННЫЕ МЕТОДЫ

Есть разные способы высвобождения зажатых внутри эмоций, и один самых действенных — это письмо. При письме задействуются зрительное, слуховое (внутренний голос) и тактильное восприятие. Письмо соединяет эмоции (сердце) с их выражением (рука/тело), поскольку руки и сердце обслуживает одна и та же ветвь нервной системы. Поскольку письмо — это своеобразная площадка для выражения бессознательного, очень важно выразить все всплывающие мысли и чувства, без цензуры.

Проблемы с матерью/отцом

Наш первый опыт общения с людьми — это общение с родителями или опекунами. Следовательно, наши мнения, убеждения, взгляды и ожидания в отношении женщин основаны на опыте общения с мамой, а в отношении мужчин — на опыте общения с папой. Один из первых шагов в личностном росте — это высвобождение глубинных эмоций, связанных с родителями, а также с людьми, имеющими или имевшими авторитет в вашей жизни.

Простой, но действенный метод способ «отпустить» прошлое — это взять большую тетрадь и начать писать в ней. Начните с того родителя, в общении с которым у вас возникали наибольшие трудности в детстве, и запишите всё, что вы хотели, но не могли высказать тогда. По мере того, как вы пишете, будут всплывать чувства из разных периодов вашей жизни. Когда мысли закончатся или вы почувствуете, что вы пришли к какому-то «блоку», спросите себя: «И что было дальше?», и нахлынет следующая волна воспоминаний. Поначалу на поверхность будут выходить только отрицательные эмоции. Затем ваш внутренний настрой начнёт меняться, и вы начнёте понимать, из каких побуждений исходил человек. По мере того, как вы будете продолжать писать, ваше отношение к человеку будет меняться в сторону сочувствия. После вы поймёте, чему вас научила эта ситуация, и какие подарки она преподнесла. Продолжайте записывать положительные мысли — так долго, как пожелаете[12].

Как только вы запишете всё, что вам хотелось бы высказать — а это может занять несколько тетрадей — вы заметите, что ваши отношения с человеком начнут меняться. Обычная мысль в этой ситуации — «он начал меняться!». В действительности начали меняться вы сами.

Принятие на себя личной ответственности

Освободившись от фундаментальных проблем, связанных с отцом и матерью, вы сможете взять на себя личную ответственность за то, что вы происходит в вашей жизни. Ваш опыт складывается из пяти элементов; работать с ними поможет программа написания из пяти частей[13]. Для неё вам понадобится пять тетрадей (или одна большая тетрадь с пятью отделами). Используйте одну тетрадь или отдел для каждого из следующих пяти элементов:

1. Негатив (чувства и мысли)

2. Позитив (чувства и мысли)

3. Цели (на 10 лет)

4. Желания

5. План (как вы построите свою жизнь, чтобы реализовать свои желания и цели).

Для начала пишите в тетради «Негатив» — это позволит вам избавиться от неразрешённых проблем и высвободить свои чувства. Поскольку большинство людей годами копит эмоции, высвободить предстоит много — одного дня точно не хватит. Поэтому можно отвести себе определённый период времени на регулярную запись своих мыслей и эмоций.

---

[12] *Velvet Hammer,* Lee Gibson, Ph.D. PEAKE Seminar
[13] Gary Young. N.D. Phoenix Training Seminar. 1999

Завершайте каждый сеанс написанием по крайней мере одного позитивного утверждения в тетрадях

Записывать свои ощущения более действенно, чем начитывать их на диктофон, поскольку при письме задействуется зрительное восприятие. Пользуйтесь графитовым карандашом — это поможет лучше передать эмоции.

Писать вслепую — хороший способ высвободить то, что скрыто в области бессознательного, особенно если у вас цепкий ум, который стремится держать всё под контролем. Просто закройте глаза и записывайте. Когда закончите, перечитайте написанное.

Есть определённые эфирные масла, которые помогут вам в очистке и высвобождении эмоций.

SURRENDER высвобождает негативные мысли. Вы можете распылить это масло в воздухе, нанести его на виски и/или вдыхать его запах.

GATHERING помогает в том случае, когда ваше сознание перепрыгивает с одной мысли на другую, когда вы не можете сосредоточиться. Если вы склонны к чрезмерному анализу, проведите двумя или тремя пальцами правой руки от левого виска по всему лбу и глубоко вдохните. Это переключит вас с левого полушария на правое. Если вам трудно сосредоточиться или сложно принять себя, повторите то же движение в обратном направлении, используя два-три пальца левой руки — нужно будет провести ими по всему лбу от правого виска. Снова глубоко вдохните и выдохните. Масло GATHERING поможет вам высвободить эмоции и чувства.

ACCEPTANCE — при трудностях с принятием эмоций. Нанесите это масло над третьим глазом (в центре лба) как можно раньше — иначе вы потеряете это место при бурных, неконтролируемых эмоциях.

FORGIVENESS — в любых ситуациях, когда вы испытываете вину. Скажите «всё в порядке» и разотрите масло несколько раз по часовой стрелке вокруг пупка.

HOPE — если вы чувствуете подавленность или отчаяние. Втирайте в верхнюю часть уха или ушную раковину.

BRAIN POWER или CLARITY — против «тумана» в голове. Наносите на виски или под нос.

JOY укрепит чувство собственного достоинства. Нанесите его на сердце, особенно когда будете готовы завершить сеанс прописывания воспоминаний.

WHITE ANGELICA защищает от «бомбардировки» и помогает сохранять позитивное пространство. Наносить на грудину, плечи и загривок. Всегда завершайте процесс маслом WHITE ANGELICA — после высвобождения эмоций вы станете более чувствительны к окружающим энергиям, и вам нужно избирательно подходить к энергетическим частотам, которые вы удерживаете в своем энергетическом поле.

Доктор Гэри Янг успешно использовал этот метод при лечении хронических дегенеративных болезней, таких как рассеянный склероз, рак, артрит и волчанка. Подавление негативных эмоций и мыслей приводит либо к эмоциональным всплескам, либо к развитию болезней. Если постоянно жить с негативными мыслями и чувствами, это будет ещё больше усиливать их. Выход из этой ситуации следующий: усвоить урок; простить себя за необходимость усвоить урок; простить других за то, что преподают вам этот урок; освободить заблокированную эмоцию, позволив ей сдвинуться в противоположную полярность и выбрав, как вы хотели бы реагировать на похожие ситуации в будущем; сбросить шаблон из клеточной памяти.

Как только вы сбросите основные жизненные проблемы, «всплывут» менее заметные. Основные проблемы напрямую связаны с вашими мыслями и подобны бактериям. Они способны причинять боль и даже приводить к смерти. Менее заметные проблемы связаны с остатками старого мышления. Они подобны вирусам, которые забирают у вас энергию и вызывают усталость. Грибки и дрожжи очень коварны. Они связаны с убеждениями, которые мы принимаем от семьи и общества — так называемым «расовым сознанием». Первый шаг в победе над всеми этими врагами — очистить свои мысли и взять под контроль свою жизнь. Именно это и называется ответственностью. По сути, мысли — это единственная область жизни, которую мы можем контролировать, и именно от мыслей напрямую зависит вся наша жизнь.

Доктор Янг считал, что постоянная занятость сокращает негативное ментальное пространство, а праздность ума ведёт к появлению отрицательных эмоций. Это происходит потому, что праздный ум восприимчив и притягивает к себе всё, что есть вокруг него. Наш разум подобен радиоприемнику, который настраивается на самую сильную частоту и воспроизводит её. Чтобы остановить бессвязный поток мыслей, нужна позитивная мысль — например, установка, — и приятная музыка. Работа над сложным и интересным проектом раскрывает творческие способности разума. Творческий разум направляет энергию в нужное русло, защищая позитивное мысленное пространство.

Теперь, когда вы выполнили «домашнюю работу», самое время начать раскрывать свои таланты; найти себя и заглянуть внутрь себя, найти свою страсть и путь к творческому росту. Всё, что вам нужно знать, находится внутри вас. Слушайте своё тело и свою интуицию. Зная тип своего телосложения, вы найдёте обоснование своим интуитивным ощущениям и выстроите фундамент для восполнения пробелов.

ПОДДЕРЖКА САМОГО СЕБЯ

Принятие себя

Для достижения «осознанности» человеку нужно понять, кто он на самом деле, и принять себя. Полезное упражнение — встать напротив зеркала и заглянуть себе в глаза. Глядя в глаза самому себе, произнесите 100 раз искренне и с убеждением: «Я принимаю тебя таким, какой ты есть». Если удобнее, поставьте таймер, чтобы не считать в уме. Когда вы примете себя и свою нынешнюю реальность, вы сможете начать меняться и изменять мир вокруг себя.

Изменение убеждений

Чтобы изменить убеждение, ограничивающее ваши возможности, нужно осознать его и выбрать новое направление. Все наши эмоции можно условно разделить на две категории: *Любовь* и *Страх*. Все негативные, ограничивающие нас эмоции основаны на страхе, а все позитивные моменты, содержащие в себе понимание и поддержку, основаны на любви. Для изменения шаблона мышления требуется изменить его словесную форму или направление, которое мы задаём своему подсознанию. Очень важный шаг в изменении направления мышления — избавление от ограничивающих слов в словарном запасе. Самые распространенные такие слова — *не могу* и *постараюсь*.

Не могу на самом деле означает «не буду». Эти слова — отражение беспомощности, признак нежелания брать на себя ответственность. Если вы не можете сразу справиться с задачей, можете использовать следующие выражения: «я узнаю», «я справлюсь», «я найду способ».

Слова *я попытаюсь* означают попытку что-то сделать, направление усилий, но без гарантии успеха. «Попытаться» может значить застрять где-нибудь на середине пути или вообще сидеть сложа руки.

Успех в достижении цели требует от человека приложения усилий. Вместо того, чтобы обещать «попытаться» что-то сделать, твёрдо решите, будете вы это делать или нет, и пусть ваши слова выражают определённость и решимость. Это позволит избавиться от пустой траты сил, непонимания и оскорблённых чувств в отношениях с другими людьми. Если вы не уверены, что хотите за что-то взяться, скажите об этом прямо, используя такие фразы как «я рассмотрю такую возможность» или «мне нужно всё взвесить».

Чтобы изменить свою реальность, вам потребуется наладить тесную связь между сознанием и подсознанием. Подсознание воспринимает всё буквально. Оно подобно гигантской базе данных, которая воспроизводит всю информацию, попадающую в неё.

Чтобы взять на себя ответственность за свою жизнь, нужно иметь направление или цели, которые позволят вам понимать, куда вы двигаетесь. Людей удерживает от развития страх неизвестного и желание оставаться в зоне комфорта. Зона комфорта — это привычные, известные условия, пусть даже и неприятные. Для перемен нужна энергия, и именно поэтому так помогают измениться группы поддержки, вдохновляющие книги и друзья, которые уже добились определённых результатов и на которых хочется равняться. И больше всего для перемен необходима *вера*. Вера — это то, что позволяет встретить страх лицом к лицу. Страх — *это ложные факты, которые постепенно становятся реальностью.*

ПРОЦЕДУРА МЫШЕЧНОГО ТЕСТИРОВАНИЯ ДЛЯ ПРАКТИКУЮЩИХ ВРАЧЕЙ И ТЕРАПЕВТОВ

1. Для локализации терапии используется тестирование определённой мышцы, которое позволяет обнаружить разрыв в энергетическом поле. Найдите сильную мышцу, которую вы будете использовать в качестве индикатора, прикоснитесь к проверяемой точке и ещё раз протестируйте мышцу. Если мышца ослабляется, то ответ положителен. Для обнаружения эмоционального шаблона прикоснитесь к точкам эмоций на лобных выступах. Ослабление мышцы указывает на присутствие эмоционального шаблона.

2. Определите эмоцию, спросив пациента, с какими проблемами или эмоциями он сталкивается в данный момент, и протестируйте мышцу-индикатор. Как только будет найден явный ответ, проверьте его ещё раз, создав контакт точек эмоций и активной точки органа, соответствующего эмоции (используйте «терапевтическую локализацию»).

   Если пациент не может выявить эмоцию, попытайтесь понять, на боль в какой части тела он жалуется, и терапевтически локализуйте активную точку органа. Проверьте ответ с помощью точек эмоций.

3. Попросите пациента прочувствовать эмоцию, а затем её «другую сторону». Тестирование при помощи мышцы-индикатора помогает усилить эмоцию, испытываемую пациентом. При необходимости объясняйте эмоции, чтобы пациент лучше их понимал. Произнесите установку «выхода». Протестируйте мышцу-индикатор и объясните, что она показала.

4. Попросите пациента вдохнуть масло, затем нанесите одну каплю себе на ту руку, которая не является ведущей, и разотрите масло по часовой стрелке для его активации. Нанесите масло на активную точку (или точки, если они расположены симметрично) и точки эмоций. При нанесении масла произнесите вслух эмоцию, её противоположную сторону и установку «выхода», побуждая пациента установить связь со своими чувствами и позволить им всплыть на поверхность.

5. Проверьте пациента на частоту применения. Иногда достаточно одного раза. В зависимости от того, насколько глубоко укоренился шаблон, пациентам обычно требуется наносить масло 3, 7, 10 или 18 раз в день на протяжении одной, трёх или семи недель. Если работа идет над несколькими эмоциями, масла можно «наслаивать», применяя одно непосредственно за другим. Масло для любых эмоций можно применять с интервалом в 15 минут, поэтому пациент может использовать их до или после работы, тогда, когда у него есть возможность сосредоточиться на эмоциях.

   Если пациент не может использовать масло с нужной частотой, или если ему необходимо прервать курс, можно продлить время терапии. Частота и продолжительность терапии в основном определяются глубиной эмоционального шаблона, но это не единственный фактор. Некоторым пациентам может понадобиться продлить терапию, поэтому тестируйте всех пациентов ещё раз после завершения курса.

6. Определите с пациентом порядок терапии:
   а) прочувствовать эмоцию и вдохнуть масло;
   б) нанести масло на активную точку и подключиться к «обратной стороне» эмоции;
   в) нанести масло на точки эмоций и произнести установку «выхода».

Разговорная терапия необходима для понимания ситуации, но для изменения шаблона мало лишь осознать его разумом. Для изменения условного рефлекса шаблон нужно вывести из организма физически. После осознания хранимых в теле эмоций их можно высвободить из клеточной памяти с помощью активных точек. Для доступа к местонахождению эмоций в лимбической системе мозга мы используем ароматерапию. Выявление негативной эмоции и дополняющей её обратной, позитивной, стороны, вместе с произнесением установки «выхода» из некомфортного состояния позволит осознать, какой урок хотела преподнести вам жизнь в создавшей шаблон ситуации. Это осознание, в свою очередь, позволит усвоить урок и изменить шаблон поведения. Вдыхание эфирных масел и нанесение их на конкретные области хранения эмоций позволяет вывести из тела клеточный шаблон, чтобы сбросить шаблон эмоциональный.

МЕТОДЫ УСИЛЕНИЯ

Использование этих методов поможет усилить процедуру сброса, облегчая освобождение от эмоционального заряда и уменьшая число повторов, необходимых для изменения шаблона.

Прочувствуйте эмоцию полностью

1. Определите эмоцию. Полностью прочувствуйте её и всё, что связано с ней.

2. Вдыхайте и выдыхайте аромат масла, и эмоцию вместе с ним. На третьем вдохе позвольте частоте эмоции перенести вас к её обратной стороне. Если начальная эмоция — гнев, оставайтесь в гневе до тех пор, пока он не превратится в смех. Чтобы содействовать высвобождению эмоции, вдохните её позитивную сторону (смех) и выдохните её, тем самым высвобождая и негативную сторону (гнев).

3. Как только вы достигнете противоположной эмоции (смех), нанесите смесь масел *Purification* и осознанно произнесите вслух установку (Мне понятно, в какую сторону идти). Продолжайте произносить её до тех пор, пока не высвободится и не сбросится вся энергия. В этот момент вы достигнете точки успокоения, и энергетический поток прекратится.

Если вы работаете с помощником, последний будет удерживать пространство, позволяя пациенту переместиться в энергетическое поле. Необходимо удерживать пространство беспристрастно, чтобы пациент мог в полной мере прочувствовать эмоцию. Для максимальной эффективности лучше всего, чтобы помощник сам очистился от эмоционального шаблона до начала работы с пациентом.

Продолжайте сброс во время сна

Запрограммируйте свое подсознание на работу с эмоциями во время сна. Для этого налейте эфирное масло, соответствующее конкретной эмоции, в диффузор и поместите его рядом с кроватью.

Вдохните аромат масла и установите связь с эмоцией. Нанесите масло на активные точки и прочувствуйте противоположную сторону эмоции. Прикоснитесь к точкам эмоций на лбу и произнесите установку. Вы можете одновременно работать над несколькими эмоциями.

Мышечное тестирование

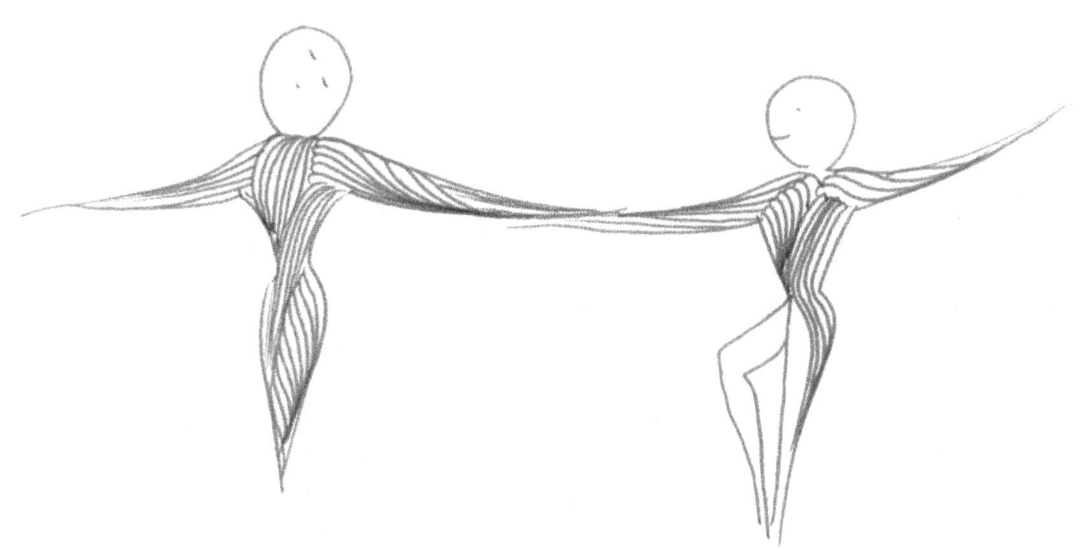

ПРЕИМУЩЕТВА МЫШЕЧНОГО ТЕСТИРОВАНИЯ

Мышечное тестирование — это простая техника, которая позволит вам напрямую общаться с вашим телом. Этот метод может точно сказать вам, что нужно вашему телу в определённый момент. Я считаю, что это самый ценный инструмент, который я когда-либо использовала. Именно благодаря ему я смогла определить, какие масла связаны с той или иной эмоцией.

Мышечное тестирование — это действительно очень просто. Это лёгкий способ общения с вашим подсознанием. Это важно, потому что ваше подсознание отвечает за работу и поддержку вашего тела.

Чтобы что-то проверить, все, что вам нужно сделать, это найти сильную сигнальную мышцу и проверить ее способность оставаться такой по отношению к различным стимулам. Стимулами будут разные масла, которые вы будете использовать там и так часто, как посчитаете нужным.

ИНТЕРПРЕТАЦИЯ РЕЗУЛЬТАТОВ

Основные мышцы для этой процедуры — это плечевые мышцы, мышцы груди и рук или мышцы спины. Если мышца остаётся напряжённой, сопротивляясь оказываемому давлению, это значит, что испытуемое вещество оказывает положительное влияние на ваше тело. Если давление заставляет мышцу ослабевать или «поддаваться», то испытуемое вещество оказывает отрицательное влияние — организм тратит на его переработку или устранение больше энергии, чем получает.

Ослабление мышцы может проявляться в различной степени. Слабость может быть значительной, что указывает на определённое «нет» для тестируемого вещества, или умеренной — ощущение «губки».

«Губка» означает, что вещество не особенно полезно для вашего тела, но и не наносит вреда.

ПРОИСХОЖДЕНИЕ И ОСНОВА МЫШЕЧНОГО ТЕСТИРОВАНИЯ

В 1964 году доктор Джордж Гудхарт, врач-хиропрактик, обнаружил, что может получать информацию о теле с помощью тестирования мышц. Он нашел способ обойти фильтр сознания и напрямую наладить контакт с физическим телом. Это важное открытие позволило точно определять процессы, происходящие в теле, значительно расширило возможности диагностики и сделала диагнозы врачей точнее. Например, если кто-то знает, что у него есть инфекция мочевыводящих путей, которая может быть подтверждена анализом мочи, следующим вопросом будет «Что вызывает её?» Используя мышечное тестирование и акупунктурные активные точки, врачи могут определить, находится ли инфекция в мочевом пузыре, мочевыводящих путях или почках.

Наибольшая ценность мышечного тестирования — это возможность диагностировать физические проблемы, напрямую общаясь с телом. Используя такое тестирование, доктор Гудхарт продемонстрировал взаимосвязь мышц с внутренними функциями организма.

Основа мышечного тестирования

Мышечное тестирование основано на стандартных тестах, используемых для определения нарушения работы мышц. Эти тесты были разработаны Флоренс и Генри Кендалл и Глэдис Уодсворт, медицинскими специалистами по кинезиологии — науке о движениях мышц человека (Muscles: Testing and Function, 2nd ed., Baltimore, 1971).

Как работает мышечное тестирование

Мышечное тестирование использует биофизические и механические связи между мышцами, суставами, нервами и органами для определения конкретных состояний и дисбалансов тела. *Метод состоит в приложении давления на мышцу или группу мышц и определении способности человека противостоять давлению.*

Мышечное тестирование — интересная концепция, которую можно рассмотреть с физической и ментальной сторон. С физической стороны мы знаем, что тело обладает энергетическим полем, которое пронизывает и окружает его. Мышечное тестирование извлекает информацию из колебаний в этом поле. Если поток энергии сбивается или нарушается, это воздействует на двигательные нервные импульсы, что приводит к уменьшению мышечной силы.

В традиционной китайской медицине существует карта потоков энергии и её перемещения по телу вдоль линий, называемых меридианами. Именно по этим меридианам течет Ци, жизненная сила тела. Китайские целители продемонстрировали влияние этого потока на здоровье, создав науку акупунктуры, используемую для лечения множества заболеваний.

Используя кирлианографию, можно увидеть, как энергетическое поле, создаваемое жизненной силой, образует ауру вокруг тела. Аура есть у всех живых существ: у людей, животных и даже у листьев трав и деревьев. Хотя это энергетическое поле обычно невидимо глазу, его можно легко рассмотреть на снимках, которые создает этот тип фотографии.

Почему мышечное тестирование работает

Механику мышечного тестирования также можно объяснить, используя концепцию подсознательного мысленного ответа. **Подсознание контролирует внутренние функции организма и знает, какие продукты и вещества необходимы организму.** Тело всегда находится в идеальном балансе с подсознанием, и поэтому подсознание всегда точно отражает потребности тела.

Вспомните, какое влияние эмоции оказывают на организм. Они генерируются в подсознании и связаны с соответствующими физиологическими изменениями в организме. Например, гнев вызывает повышение артериального давления, частоты сердечных сокращений, учащение дыхания и мышечное напряжение. Другие эмоции также имеют физические проявления, которые напрямую вызваны ответом подсознания.

Мышечное тестирование использует эту связь между подсознанием и физическим телом. Это позволяет нам общаться с подсознанием и оценивать его реакцию на раздражители, используя тело в качестве посредника.

Когда вещество находится в контакте с телом, подсознание реагирует на него как на полезное, нейтральное или вредное. Это приводит к физической реакции: увеличению или уменьшению мышечной силы в зависимости от воздействия вещества на организм и подсознание.

КАК ПРОВОДИТЬ МЫШЕЧНОЕ ТЕСТИРОВАНИЕ

Базовые техники

Выберите мышцу, которую вы будете использовать как индикатор. Можно использовать любую мышцу или группу мышц. Когда тестируемый человек сильнее тестирующего, лучше выбрать мышцу, которая может быть изолирована и протестирована сама по себе. Это сделает тест точнее, поскольку снижает вероятность вовлечения в процесс окружающих мышц. Когда тестируемый заметно слабее тестирующего (например, когда мужчина тестирует женщину), использование большей мышцы или группы мышц помогает сбалансировать соотношение сил. Поскольку мышечная масса у мужчин, женщин и детей различна, ниже представлены инструкции, как проводить тестирование для разной мышечной силы. Выберите нужную из них. Следующие предложенные методы (будут подробно объяснены позже) обычно работают лучше всего:

- мужчина тестирует женщину, используя мышцы плеча;

- женщина тестирует мужчину, используя мышцы верхней части груди или мышцы спины;

- мужчина или женщина тестируют ребенка, используя комбинацию мышц груди и рук;

- самотестирование — с использованием мышц рук и пальцев.

Важно помнить:

Будьте объективны. Это означает, что вы не должны думать об определенном желаемом результате во время выполнения теста. Ваше подсознание хочет вас порадовать, поэтому, если вы действительно чего-то хотите и думаете об этом во время теста, вы рискуете получить неправильный ответ. Позвольте своему разуму быть в нейтральном состоянии или сосредоточьтесь на точном выполнении теста.

• *Это не соревнование на силу.* Слабый мышечный ответ во время теста не указывает на слабость мышц.

Мышцы в порядке. Это только слабый ответ на вещество, которое тестируется, так как нервные импульсы прерываются. После удаления вещества-индикатора в мышцах снова появится сила.

• Если вы работаете с кем-то, кто раньше не проходил мышечное тестирование, проведите мышцу по всему диапазону движений один или два раза, чтобы испытуемый мог ознакомиться с процедурой. *Недопонимание может привести к неточным результатам.*

Оказываемое давление

• Вы отметите, что мышца сильна, когда почувствуете, что она зажата или «сопротивляется». Это обычно происходит в пределах первых 15 градусов диапазона движения мышц. Если вы не чувствуете мышечного сопротивления, попробуйте использовать другую руку или выберите другую мышцу.

• Умеренное давление должно быть осторожно применено к мышце, а затем постепенно снижено.

• Избегайте резких движений и прилагайте не больше давления, чем необходимо для определения мышечного ответа.

• Не сжимайте мышцы с лишней силой, это может привести к ложным результатам теста.

• На каждом этапе тестирования оказывайте одинаковое давление на мышцы, отмечая различия в ответных реакциях. Если вы не уверены в интерпретации мышечного ответа, спросите испытуемого о его ощущениях, а затем оцените результаты.

ПРИМЕЧАНИЕ. Если ответ мышцы не кажется чётко выраженным, можно уточнить результаты с помощью техники усиления (автор — доктор хиропрактики Скотт Уокер). Поворачивайте голову вправо, в это же время испытуемый поворачивает голову влево — так, чтобы вы оба смотрели в одном направлении. При этом различия в ответах, которые ранее могли быть лишь незначительными, станут более явными.

Изоляция мышц

Не используйте все мышцы. Убедитесь, что тестируемый человек не задействует дополнительные мышцы для усиления реакции на тест. Тело хочет быть сильным и часто использует сильные мышцы для компенсации слабых. Для компенсации человек может несколько изменять положение руки, сгибать локоть или наклонять тело. Поскольку цель состоит в том, чтобы изолировать мышцу, привлечение других мышц затрудняет тестирование и часто приводит к ложным результатам.

Тестирование

Целью тестов является определение силы или слабости мышцы.

• Сильный ответ мышцы — «да» — это напряжённая, заблокированная мышца. Будьте осторожны и не пережимайте мышцы, которые вы тестируете.

• «нет» — мышца остается в расслабленном состоянии. Самый простой способ научиться мышечному тестированию — начать работать в паре с другим человеком, тестируя друг друга. Как только вы почувствуете себя уверенно, вы будете готовы начать самотестирование.

ТЕСТ 1. Мужчина тестирует женщину

Используется, когда человек с большей мышечной массой (мужчина)
проводит тест для кого-то меньшей комплекции (женщина).

Этот проводится на дельтовидной мышце, или мышце плеча.

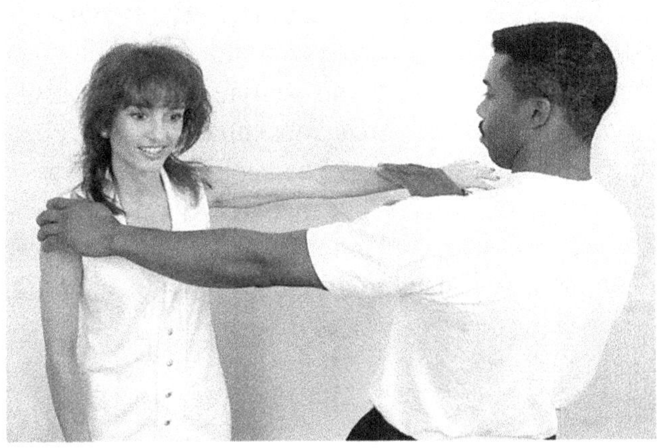

Рука вытянута прямо в сторону

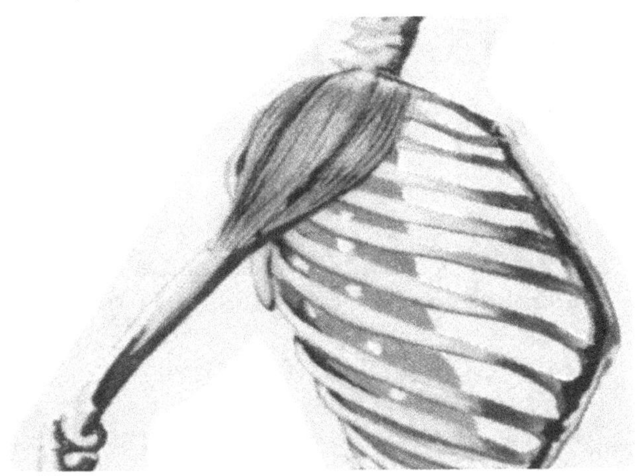

1. Из положения сидя или стоя женщина вытягивает одну руку вперед или в сторону так, чтобы она находилась в горизонтальном положении относительно пола.

2. Ладонь руки женщины должна быть опущена вниз, локоть выпрямлен, но не зафиксирован.

3. Мышцы рук, груди и спины должны быть максимально расслаблены, чтобы не помогать мышце плеча.

4. Мужчина стоит спереди или сбоку от женщины и оказывает давление на руку чуть выше запястья. Так определяется сила мышц плеча.

5. Если мужчина значительно сильнее женщины, женщина может согнуть локоть, сдвигая руку к себе, поэтому рычаг давления руки мужчины будет уменьшен при нажатии на локоть.

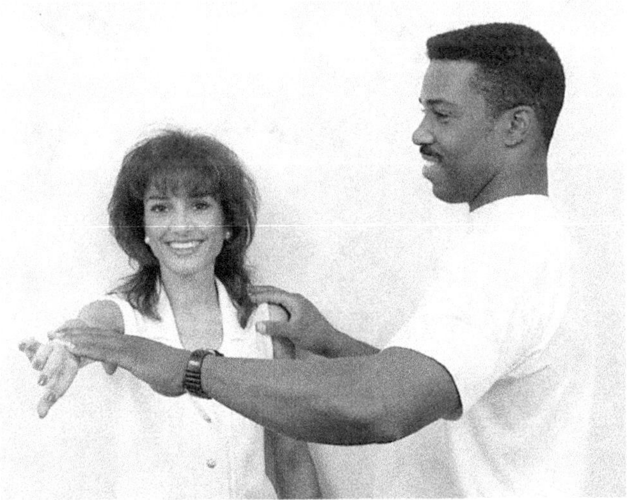

**Рука вытянута прямо под прямым
углом к корпусу**

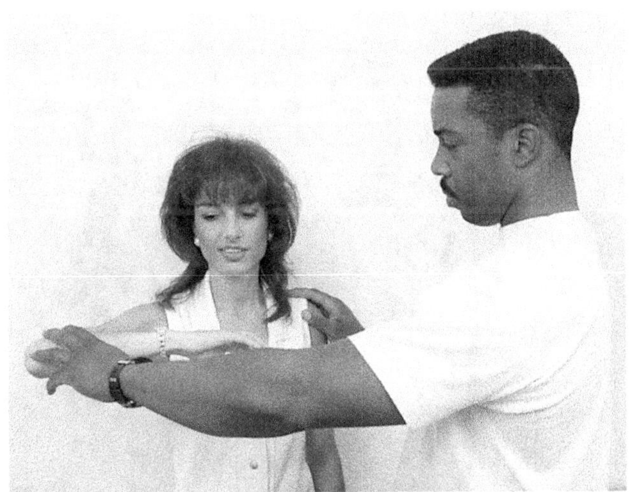

**Рука с согнутым локтем.
Сгибание локтя уменьшает нагрузку для
тестируемого**

ТЕСТ 2. Женщина тестирует мужчину

Этот тест полезен, когда женщина, проводящая тест, имеет значительно меньшую мышечную массу, чем тестируемый мужчина, или когда оба примерно одинаково сложены. Также это могут быть две женщины или два мужчины сопоставимой комплекции. Используйте pectoralis major clavicular, или верхнюю часть грудной мышцы, которая прикрепляется к ключице.

Начальная позиция с сильным ответом «да»

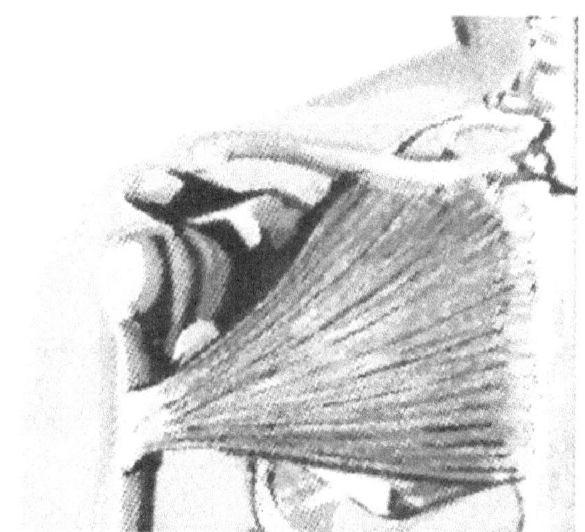

Мышца Pectoralis Major Clavicular

1. Как и в тесте 1, испытуемый вытягивает одну руку вперед с зафиксированным локтем, а ладонь поворачивает наружу, большой палец указывает на пол.

2. Затем человек, проводящий тестирование, оказывает давление на руку над запястьем, но давит не прямо вниз, а прикладывает силу под углом 45° вниз и в сторону от корпуса.

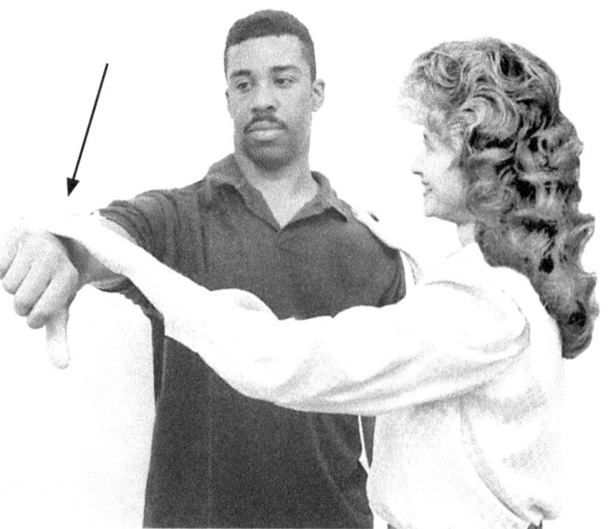

Конечная позиция со слабым ответом «нет»

Приложите стабильное давление под углом 45° в направлении от тела.

ТЕСТ 3. Альтернативный тест

Другой простой тест задействует latissimus dorsi — широчайшую мышцу спины. **Такое исследование может использоваться, когда оба человека имеют одинаковую комплекцию**, или испытуемый человек крупнее. Этот тест можно легко выполнить в положении стоя или лежа.

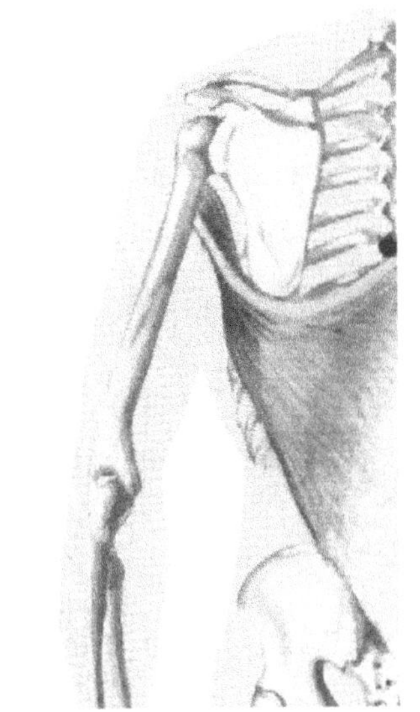

Мышца Latissimus Dorsi

Начальная позиция с сильным ответом «да»

одну руку вниз вдоль тела и повернуть её внутрь так, чтобы ладонь руки и локоть были направлены наружу от корпуса.

2. Тестирующий оказывает постоянное давление чуть выше запястья испытуемого, выталкивая руку наружу. Другая рука помещается на плечо испытуемого, чтобы стабилизировать тело.

Конечная позиция со слабым ответом «нет»

3. Сильная мышца, остающаяся близко к телу, даёт ответ «да».

4. Слабость будет проявляться в пределах первых 5–15 градусов, когда мышца не сможет сопротивляться или «зафиксироваться», удаляясь от тела.

ТЕСТ 4. Тестирование детей (4–8 лет)

В этом тесте используются мышцы груди и руки. Здесь мышцы не изолируются, что позволяет мышцам ребёнка к давлению со стороны взрослого.

3. Проводящий тестирование, стоит перед тестируемым и пытается развести запястья друг от друга, оказывая давление на обе руки над запястьем в направлении наружу. При тестировании маленького ребёнка давить на запястья нужно только указательными пальцами.

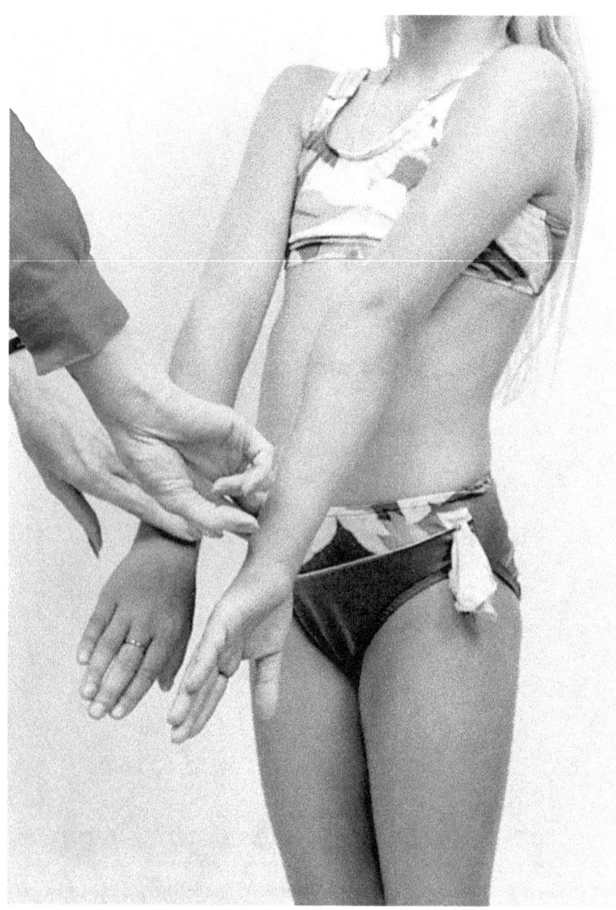

Начальная позиция с сильным ответом «да» (руки вместе)

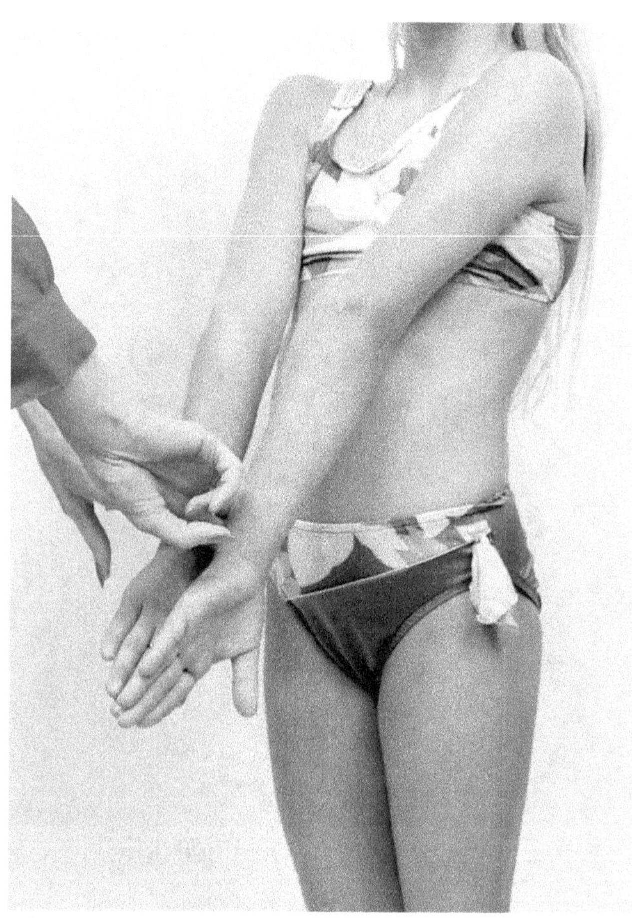

Конечная позиция со слабым ответом «нет» (руки разведены)

1. Обе руки вытянуты под небольшим углом прямо и вниз перед телом, оставаясь близко к телу.

2. Ладони рук повёрнуты наружу, а внешние стороны запястий соединены.

ПРИМЕЧАНИЕ. При тестировании маленьких детей часто лучше сказать им «сведи вместе кулачки», это будет понятнее, чем «сопротивляться» или «держать руки вместе».

ТЕСТ 5. Тестирование с движением тела

При первом прохождении этого теста лучше всего, чтобы кто-то присутствовал, чтобы проследить за вами (поймать), поскольку движения тела могут быть значительными. Некоторые люди считают этот тест подходящим для самостоятельного тестирования, в то время как другим людям может понадобиться ассистент.

1. Снимите обувь, особенно если вы носите высокие каблуки. Встаньте ногами на пол и расслабьтесь, позволяя вашему телу двигаться.

Нейтральное положение стоя

2. Пусть кто-нибудь встанет рядом, чтобы вас подстраховать, руки опущены по обе стороны вашего тела.

3. Закройте глаза и расслабьтесь. Скажите мысленно «Да» три раза и позвольте вашему телу двигаться. Попросите человека, стоящего рядом с вами, наблюдать за направлением движения и поймать вас, если это необходимо.

4. Закройте глаза и расслабьтесь. Скажите мысленно «Нет» три раза и позвольте вашему телу двигаться. Попросите человека, стоящего рядом с вами, наблюдать за направлением движения и поймать вас, если это необходимо.

5. Определите направления движения вашего тела для «Да» и «Нет». У одних людей «да» — это направление вперёд, а «нет» — назад, у других — наоборот. Одни двигаются по часовой стрелке или против часовой стрелки, другие показывают совсем небольшое движение, если оно вообще присутствует. Если ваше тело движется в определённом направлении, то это простой и точный тест, который вы можете использовать.

Тест 6. Самотестирование

В этих двух простых **методах самотестирования** вы сопротивляетесь своим собственным мышцам, а не чужим. Придерживайтесь объективности — так вы получите точные результаты, в этом методе это самое сложное. Вероятно, он должен использоваться только тогда, когда вы опытны в мышечном тестировании.

Эти тесты учитывают различные степени мышечного ответа, так же, как и тесты с использованием более крупных мышц. Левая и правая руки в этом тесте взаимозаменяемы.

Самотестирование: метод кольца

1. Сожмите кончики большого и указательного пальцев левой руки вместе, чтобы сформировать кольцо.

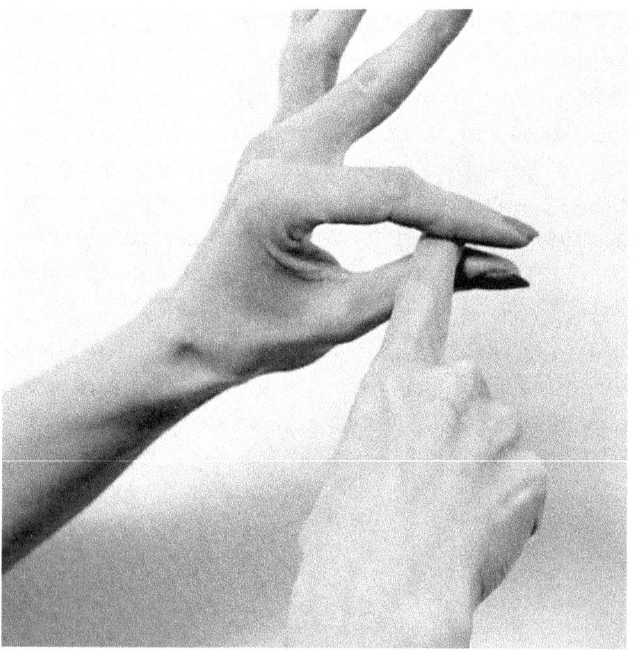

Движение пальца через барьер

Начните это движение как можно дальше назад по кругу, чтобы получить ускорение у барьера.

4. Если палец не прорвётся через барьер, это будет означать сильный мышечный ответ. Прорыв указывает на слабую мышечную реакцию. Результаты теста здесь будут определёнными — «да» (сильный) или «нет» (слабый).

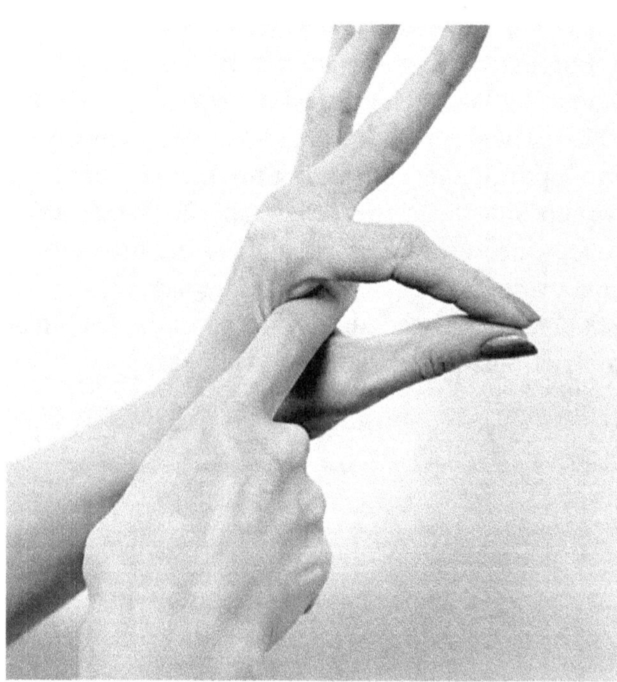

Кольцо с введённым пальцем

2. Вставьте указательный палец правой руки в отверстие так, чтобы он упирался в левую ладонь.

3. Продолжая удерживать большой и указательный пальцы вместе, быстро и сильно двигайте указательным пальцем правой руки к кончикам большого и указательного пальцев левой руки, пытаясь пробить барьер, образованный ими.

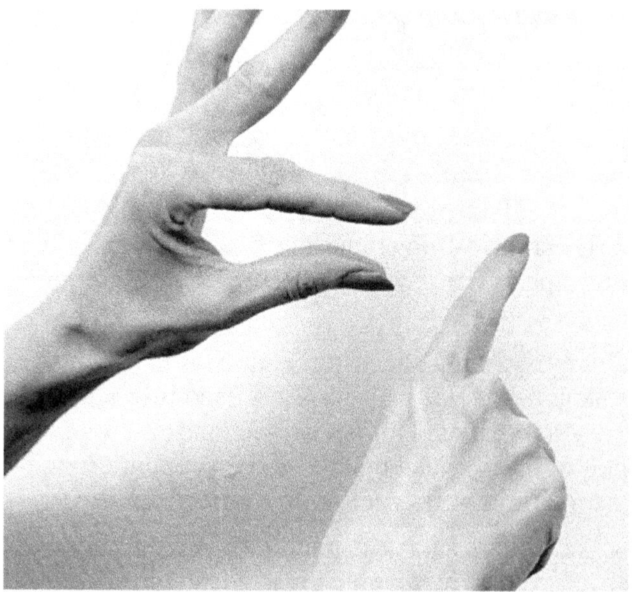

Палец пробивает барьер: ответ «нет»

Самотестирование: метод мышечного сопротивления

1. Соедините большой палец и мизинец левой руки.

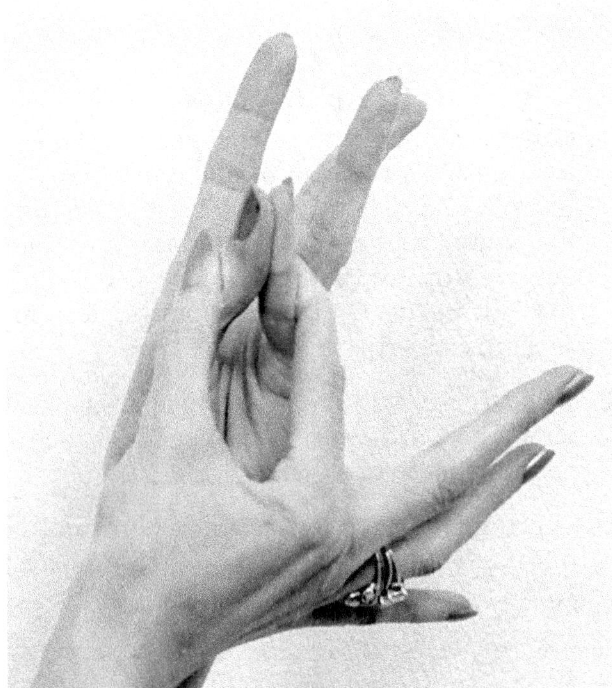

Сильный ответ, «да» — без разведения

2. Возьмитесь за это соединение большим и указательным пальцами правой руки, чтобы приложить давление, удерживая левый большой палец и мизинец вместе.

3. Попробуйте развести большой палец и мизинец левой руки, оказывая давление на пальцы правой руки. Неспособность развести пальцы означает сильный ответ, кратковременное разделение (туда и обратно) — это умеренный ответ, а полное разделение — слабый.

Этот метод дополняет определённые «да» или «нет» третьим ответом, умеренным.

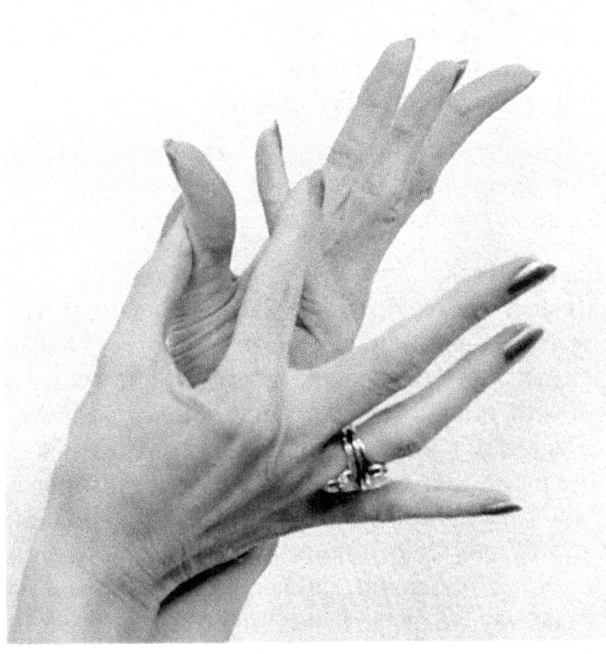

Слабый ответ, «нет» — с разведением

ПРОВЕДЕНИЕ МЫШЕЧНОГО ТЕСТИРОВАНИЯ

После того, как вы определили мышечный тест, который хотите провести, проверьте саму мышцу. Это называется «чистое тестирование», и оно выполняется по следующим причинам:

- чтобы убедиться, что у вас сильные мышцы;

- чтобы проверить относительную силу конкретной мышцы и определить, какое давление следует приложить;

- чтобы ознакомить человека с тестом и определить «базовый уровень» и знать, как ощущается сильная мышца.

- Следуя этой процедуре, вы будете готовы оценить потребность в различных маслах, оценивая мышечные ответы на них.

Метод

1. **Поместите тестируемое масло в биоэнергетическое поле испытуемого.** Наиболее точные результаты получаются, когда испытуемый может почувствовать запах масла. Это идеальное условие для теста, но не обязательное. Человек, для которого проводится тестирование может держать бутылку масла свободной рукой или просто прикасаться ей к телу. При самотестировании или когда обе руки заняты используйте предплечье, чтобы прижать масло к боку или груди, или положите его за пояс в области живота.

2. **Выполните тест и сравните результаты мышечного ответа с результатами теста на базовый уровень.** Сильный ответ указывает на определённое «да», ответная упругость означает, что вещество полезно, но не является лучшим выбором, а слабый мышечный ответ означает «нет, определённо не сейчас».

3. **Как только подходящее масло (масла) было найдено, определите, где оно должно быть применено.** Это можно сделать, прикоснувшись бутылкой с маслом к активной точке, к ногам или к любым общим точкам на носу, если требуется почувствовать запах масла.

Чем ближе вещество к точке (без собственно применения на случай возможного отрицательного ответа), тем точнее результаты теста. Дотрагиваться до точки, а также мысленно представлять или устно уточнять местоположение, также может оказаться эффективным.

ПОДСКАЗКИ

1. Когда вы начинаете мышечное тестирование, сначала проверьте продукты или вещества, о которых вы точно знаете, что они «хороши» или «плохи» для вас. Это даст вам возможность почувствовать конкретные мышечные ответы и понять, чего вы можете ожидать.

2. Если результаты теста кажутся противоречивыми, возможно, вы обезвожены. Выпейте воды и повторите тест.

3. Снимите украшения, часы и всё, что может помешать потоку энергии. Это повысит точность результатов теста.

Точность

Цель мышечного тестирования — получить точный ответ. Ключ к точности в мышечном тестировании — оставаться объективным. Обычно это легче сделать, когда тебя проверяет кто-то другой, но при наличии должного количества практики вы сможете сохранять объективность при самотестировании. Проверьте точность самотестирования, проверив продукты или вещества, которые, как вы знаете, дают четкий явный ответ: «да» или «нет».

Как и все остальное, мышечное тестирование требует практики. Как только вы достигнете профессионализма, вам будет легко определить, какие масла нужны, когда и где их применять и в течение какого срока. В конце концов вы обнаружите, что у вас развилось интуитивное понимание того, что нужно вашему телу, и тогда вы будете только проверять, чтобы подтвердить то, что вы и так уже знаете.

СПИСОК ЛИТЕРАТУРЫ

Essential Science Publishing, Compiled by, DR *Peoples's Desk Reference for Essential Oils*,
Salem, UT, Essential Science Publishing, (1999)

Farmer, Kathy, *Unlocking Emotions with Essential Oils*

Friedmann, Terry, M.D. *Freedom Through Health*,
North Glenn, CO, Harvest Publishers (1998)

Herzog, Roberta, D.D. *The Akashic Reading Guidelines*,
P.O. Box 448, Scotland Neck, NC, Roberta Herzog Publisher (1993)
252-826-0837 www.robertaherzog.com

Higley, Connie and Alan, *Reference Guide for Essential Oils*,
Orem, UT, Abundant Health (1998)

Mein, Carolyn, D.C., *Different Bodies, Different Diets*,
San Diego, CA, Vision Ware Press (1998)

Mein, Carolyn, D.C., *Different Bodies, Different Diets*,
New York City, NY, HarperCollins Publishers Inc. (2001)

Myss, Caroline, Ph.D., *Why People Don't Heal And How They Can*,
New York City, NY, Harmony Books (1997)

Pearsall, Paul P., *The Heart Code*,
New York City, NY, Broadway Books (1998)

Pert, Candace B., Ph.D., *Molecules of Emotion:Why You Feel the Way You Feel*,
New York City, NY, Scribner (1997)

Page, Ken, *The Way It Works*,
Bastrop, TX, Clearlight Arts (1997)

Truman, Carol, *Feelings Buried Alive Never Die*,
St. George, UT, Olympus Distributing Corporation (1991)

Ulfelder, Susan, N.D., Personal Communication, Bethesda, MD

Young, Gary, N.D., *Aromatherapy: The Essential Beginning*,
Salt Lake City, UT, Essential Press Publishing (1996)

РЕСУРСЫ

Different Bodies, Different Diets (Различные тела, различные диеты)

Эта книга развенчивает миф о том, что одна диета подходит всем, используя систему 25 Body Type System (Система из 25 типов телосложения). Эта система основана на теории, что у каждого человека с рождения есть доминантная железа (орган или система), которая остаётся доминирующей на протяжении всей жизни. Такая железа определяет физические, психологические и эмоциональные особенности человека.

Fitness-Fun-Ball™

Fitness-Fun-Ball™ — самый простой способ заниматься спортом. Fitness-Fun-Ball™ можно использовать как стул. Самым слабым местом тела является область таза. Неразработанный таз приводит к слабости мышц нижней части живота и боли в пояснице. Сидение на мяче заставляет вас использовать мышцы таза и нижней части живота. Это улучшает осанку, уменьшает проблемы с запястьями и стимулирует движение спинномозговой жидкости, что повышает внимательность и ясность ума.

Core Fitness DVD

В этом DVD jсновное внимание уделяется эффективному укреплению мышц живота с помощью упражнений на основе пилатеса с использованием фитнес-мяча.

Тара Даймонд, MS, BMS — духовный целитель и консультант, специалист по проектированию внутреннего мира, художник и учитель. Она создала собственную глубоко интуитивную технику, опирающуюся на 20-летний опыт трансперсонального исцеления. Она была служителем Учения внутреннего Христа и в течение 10 лет преподавала астральное исцеление, терапию молитвой и тренировку внутренней чувствительности. В настоящее время она работает с людьми, очищая их энергетическое поле от астральных влияний, влияющих на психологическое и духовное развитие.

Тара Даймонд: +1 (619) 888-9237, www.taradiamond.com

Young Living Essential Oils™

Цель Young Living Essential Oils™ — восстановление целительного послания и знаний людей всего мира. Компания поставляет эфирные масла высочайшего качества. Для обеспечения чистоты и качества масел Young Living самостоятельно выращивает и собирает сырьё для многих из них, а также занимается дистилляцией. Компания Young Living Essential Oils™ основана доктором Гэри Янгом. Масла распространяются представителями компании. Вы можете заказать их напрямую, позвонив по номеру +1-800-371-2928, #10586.

Еще один бренд высококачественных эфирных масел — *Original Swiss Aromatics,* почтовый адрес 6842, San Rafael, CA 94903, США.

Дополнительная информация:

Доктор хиропрактики Кэролин Л. Мейн +1 (858) 756-3704

• *Посетите* наш сайт: www.bodytype.com

• *Свяжитесь* с локальным дистрибьютором масел

ПРИЛОЖЕНИЕ
Смеси масел от Young Living Essential Oils™

ABUNDANCE™: апельсин, ладан, пачули, гвоздика, имбирь, мирра, корица, ель

ACCEPTANCE™: розовое дерево, ладан, синяя пижма, сандал, нероли, на базе миндального масла

AROMA LIFE™: кипарис, майоран, бессмертник, иланг-иланг, на базе кунжутного масла

AROMA SIEZ™: базилик, майоран, лаванда, перечная мята, кипарис

AUSTRALIAN BLUE™: голубой кипарис, иланг-иланг, кедровое дерево, синяя пижма, серебряная пихта

AUSTRALIAN KURANYA™: лимонный мирт, кунцея, голубой кипарис, сандал, фенхель, улен бумажный, эвкалипт лучистый, чайное дерево

AWAKEN™: **Смесь масел Joy:** бергамот, иланг-иланг, герань, розовое дерево, лимон, мандарин, жасмин, римская ромашка, пальмароза; **Смесь масел Forgiveness:** Герань, розовое дерево, мелисса, лимон, ладан, жасмин, римская ромашка, бергамот, иланг-иланг, пальмароза, сандаловое дерево, дягиль, лаванда, бессмертник, роза на базе кунжутного масла; **Смесь масел Present Time:** нероли, ель, иланг-иланг на базе миндального масла **Смесь масел Dream Catcher:** сандаловое дерево, мандарин, иланг-иланг, черный перец, бергамот, можжевельник, анис, синяя пижма; **Смесь масел Harmony:** лаванда, сандаловое дерево, иланг-иланг, ладан, апельсин, дягиль, герань, ель, иссоп, шалфей, лаванда, розовое дерево, жасмин, римская ромашка, бергамот, пальмароза, роза на базе миндального масла

BELIEVE™: бальзамическая пихта Айдахо, розовое дерево, ладан

BRAIN POWER™: сандаловое дерево, кедр, ладан, мелисса, голубой кипарис, лаванда, бессмертник

CELEBRATION: лаванда, дягильник, ромашка, кардамон, розмарин, перечная мята, укроп, иланг иланг, ладан, апельсин, герань, иссоп, испанский шалфей, кориандр, бергамот, лимон, жасмин, роза, Roman Chamomile, Sacred Sandalwood™, Northern Lights Black Spruce

CHIVALRY™: **Смесь масел Valor:** ель, розовое дерево, голубая пижма, ладан на основе миндального масла; **Смесь масел Joy:** Б, ергамот, иланг-иланг, герань, розовое дерево, лимон, мандарин, жасмин, римская ромашка, пальмароза, роза; **Смесь масел Harmony:** лаванда, сандаловое дерево, иланг-иланг, ладан, апельсин, дягиль, герань, ель, иссоп, шалфей, лаванда, розовое дерево, жасмин, римская ромашка, бергамот, пальмароза, роза на базе миндального масла; **Смесь масел Gratitude:** бальзамическая пихта Айдахо, ладан, розовое дерево, мирра, гальбанум, иланг-иланг

CITRUS FRESH™: апельсин, грейпфрут, мандарин, лимон, мята

CLARITY™: базилик, кардамон, розмарин, мята перечная, розовое дерево, герань, лимон, жасмин, римская ромашка, бергамот, иланг-иланг, пальмароза

COMMON SENSE™: ладан (Boswellia Carteri), иланг-иланг, окотея, рута, Dorado Azuil, лайм

DI-GIZE™: эстрагон, имбирь, мята перечная, можжевельник, фенхель, лемонграсс, анис, пачули

DRAGON TIME™: фенхель, мускатный шалфей, майоран, лаванда, синий тысячелистник, жасмин

DREAM CATCHER™: сандаловое дерево, мандарин, иланг-иланг, черный перец, бергамот, можжевельник, анис, синяя пижма

EGYPTIAN GOLD™: ладан, канадская живица, лаванда, мирра, иссоп, черная ель, кедровое дерево, ветивер, роза, кора корицы

ENDO FLEX™: мята, шалфей, герань, мирт, ромашка немецкая, мускатный орех на основе кунжутного масла

EN-R-GEE™: розмарин, можжевельник, лимонник, мускатный орех, бальзамическая пихта Айдахо, гвоздика, черный перец

ENVISION™: ель, герань, апельсин, лаванда, шалфей, роза

EXODUS II™: кассия, мирра, кора корицы, аир, гальбанум, иссоп, аралия, ладан, на основе оливкового масла

FORGIVENESS™: Мелисса, герань, ладан, розовое дерево, сандаловое дерево, дягиль, лаванда, лимон, жасмин, римская ромашка, бергамот, иланг-иланг, пальмароза, мелисса, лимон, ладан, жасмин, римская ромашка, бергамот, иланг-иланг, пальмароза, бессмертник, роза, на базе кунжутного масла

FULFILL YOUR DESTINY™: мандарин, ладан, мускатный орех, кассия, кардамон, мускатный шалфей, черный перец, голубая ель Айдахо, нероли

GATHERING™: лаванда, герань, гальбанум, ладан, сандаловое дерево, иланг-иланг, ель, роза, кора корицы

GENEYUS™: священный ладан, голубой кипарис, кедровое дерево, голубая ель Айдахо, пало санто, мелисса, черная ель, сладкий миндаль, бергамот, мирра, ветивер, герань, королевский гавайский сандал (Royal Hawaiian Sandalwood™), иланг-иланг, иссоп, кориандр, роза

GRATITUDE™: бальзамическая пихта Айдахо, ладан, розовое дерево, мирра, гальбанум, иланг-иланг

GROUNDING™: белая пихта, ель, иланг-иланг, сосна, кедр, дягиль, можжевельник

HARMONY™: лаванда, сандаловое дерево, иланг-иланг, ладан, апельсин, дягиль, герань, ель, иссоп, шалфей, лаванда, розовое дерево, жасмин, римская ромашка, бергамот, пальмароза, роза

HIGHER UNITY: лайм, перечная мята, лимон, жасмин, роза, Sacred Sandalwood™, Sacred Frankincense™, Lime, Northern Lights Black Spruce

HIGHEST POTENTIAL™: **Australian Blue:** гиолубой кипарис, иланг-иланг, кедровое дерево, синяя пижма, серебряная пихта **Gathering:** лаванда, герань, гальбанум, ладан, сандаловое дерево, иланг-иланг, ель, роза, кора корицы, жасмин

HOPE™: мелисса, можжевельник, мирра, ель на основе миндального масла

HUMILITY™: розовое дерево, иланг-иланг, герань, мелисса, ладан, аралия, мирра, нероли, роза на основе кунжутного масла

IMMUPOWER™: иссоп, чабер горный, цистус, равенсара, ладан, орегано, гвоздика, тмин, пижма Айдахо

INNER CHILD™: апельсин, мандарин, иланг-иланг, жасмин, сандал, лимонник, ель, нероли

INSPIRATION™: кедр, ель, розовое дерево, мирт, сандал, ладан, полынь

INTO THE FUTURE™: шалфей мускатный, иланг-иланг, белая пихта, пижма Айдахо, ладан, жасмин, белый лотос, можжевельник, апельсин, кедр на основе миндального масла

JOURNEY ON™: Dream Catcher, Immupower, Motivation, копайба, кора корицы, перечная мята

JOY™: бергамот, иланг-иланг, герань, розовое дерево, лимон, мандарин, жасмин, римская ромашка, пальмароза, роза

JUVAFLEX™: фенхель, герань, розмарин, римская ромашка, голубая пижма, бессмертник на основе кунжутного масла

LEGACY™: дягиль, бальзамическая пихта, базилик, лавр, бергамот, черный перец, голубая пижма, мелалеука, мелколепестник канадский, канадский красный кедр, кардамон, семя моркови, кедровое дерево, кора корицы, ладанник, цитронелла, шалфей мускатный, гвоздика, кориандр, тмин, кипарис, укроп, пихта Дугласа, элеми, лимонник эвкалиптовый, эвкалипт богатый, эвкалипт шаровидный, эвкалипт многоприцветниковый, эвкалипт лучистый, фенхель, ладан, гальбанум, герань, ромашка, имбирь, золотарник, грейпфрут жасмин, можжевельник, лаванда, багульник, лимон, лимонник, лайм, мандарин,чайное дерево, мелалеука Ericifolia, мелисса, чабер горный, миррис, мирт, нероли, мускатный орех, апельсин, орегано, пальмароза, пачули, мята перечная, петигрен, сосна, равенсара, пихта Дугласа, римская ромашка, роза, плоды шиповника, розмарин, розовое дерево, шалфей, сандал, мята курчавая, аралия, канадская ель, мандарин, эстрагон, тимьян, валериана, ветивер, белая пихта, грушанка, тысячелистник, желтая сосна, иланг-иланг

LIGHT THE FIRE: мускатный орех, кассия, окотея, мелколепестник канадский, лимон, перец, кипарисовый туполистник, Northern Lights Black Spruce

LIVE WITH PASSION™: мускатный шалфей, имбирь, сандал, жасмин, дягиль, кедр, мелисса, бессмертник, пачули, нероли

LIVE YOUR PASSION™: апельсин, Royal Hawaiian™, сандаловое дерево, мускатный орех, лайм, голубая пихта Айдахо, черная ель, иланг-иланг, ладан, мята перечная

LONGEVITY™: тимьян, апельсин, гвоздика, ладан

MAGNIFY YOUR PURPOSE™: сандаловое дерево, розовое дерево, шалфей, мускатный орех, пачули, кора корицы, имбирь

MELROSE™: розмарин, мелалеука Alternifolia, гвоздика, мелалеука пятинервная

MOTIVATION™: римская ромашка, иланг-иланг, ель, лаванда

PANAWAY™: гаултерия, бессмертник, гвоздика, мята перечная

PEACE & CALMING™: Мандарин, апельсин, иланг-иланг, пачули, голубая пижма

PRESENT TIME™: нероли, ель, иланг-иланг на базе миндального масла

PURIFICATION™: цитронелла, лимонник, розмарин, мелалеука, лавандин, мирт

R.C.™: мирт, эвкалипт шаровидный, эвкалипт австралийский, сосна, майоран, лимонник эвкалиптовый, лаванда, кипарис, ель, эвкалипт лучистый, мята перечная

RELEASE™: иланг-иланг, лавандин, герань, сандаловое дерево, голубая пижма на основе оливкового масла

RELIEVE IT™: ель, черный перец, иссоп, мята перечная

RUTAVALA™: лаванда, валериана, рута душистая

SACRED MOUNTAIN™: ель, иланг-иланг, бальзамическая пихта Айдахо, кедровое дерево

SARA™: иланг-иланг, герань, лаванда, апельсин, голубая пижма, кедр, роза, белый лотос на основе миндального масла

SENSATION™: кориандр, иланг-иланг, бергамот, не содержащий фуранокумарина, жасмин, герань

SHUTRAN™: голубая ель Айдахо, окотея, иланг-иланг, кипарисовик туполистный, кориандр, горькая полынь, лаванда, кедровое дерево, лимон, черная ель

STRESS AWAY™: лайм, экстракт ванили, копайба, лаванда, кедр, окотея

SURRENDER™: лаванда, лимон, римская ромашка, ель, дягиль, немецкая ромашка

THIEVES™: гвоздика, лимон, кора корицы, эвкалипт лучистый, розмарин

3 WISE MEN™: сандаловое дерево, можжевельник, ладан, ель, мирра на основе миндального масла

TRANSFORMATION™: лимон, ладан, мята, бальзамическая пихта Айдахо, сандаловое дерево, розмарин, мускатный шалфей, кардамон

TRAUMA LIFE™: ладан, сандал, валериана, лаванда, давана, ель, герань, бессмертник, кафрский лайм, роза

VALOR™: ель, розовое дерево, голубая пижма, ладан на основе миндального масла

WHITE ANGELICA™: бергамот, герань, мирра, сандал, розовое дерево, иланг-иланг, ель, иссоп, мелисса, роза на основе миндального масла

Реализуйте свой потенциал

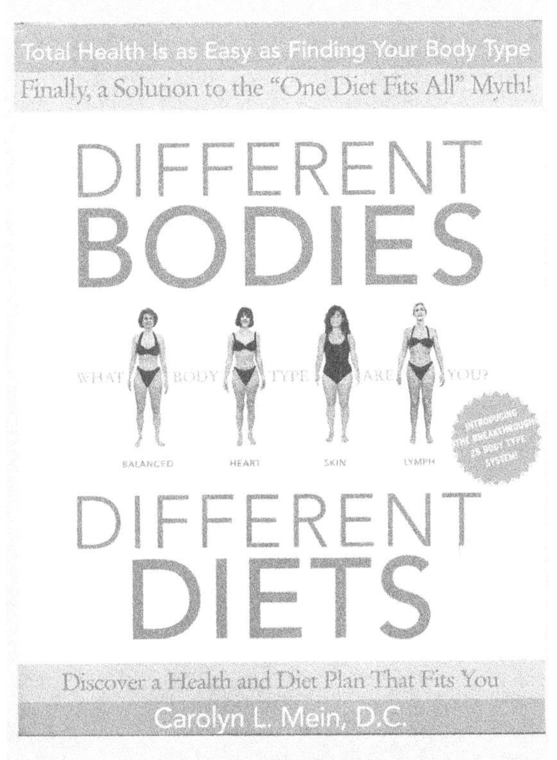

Включает в себя фотографии и описания каждого типа для мужчин и женщин
Твердая обложка $27,95

Профиль для каждого отдельного типа телосложения включает 20–50 вариантов блюд плюс примерное меню на 1 неделю. $ 14,95

- **Не все мы думаем одинаково**
- **У всех нас разный уровень силы**
- **Нами движут разные вещи**

Какой была бы ваша жизнь, если бы вы знали свои сильные стороны, свой реальный потенциал, сферу, где вы можете преуспеть? Что может мотивировать вас и окружающих?

Члены одной семьи редко имеют одинаковый тип телосложения. Существует 25 различных типов телосложения, каждый со своими индивидуальными особенностями и диетическими потребностями.

Характерные черты личности могут быть выражены «в худшем виде» и «в лучшем виде». Знание укрепляет отношения .

Чтобы узнать больше о *The 25 Body Type System*™ посетите веб-сайт:
www.bodytype.com
Определите свой тип телосложения онлайн, выбрав «Тест для женщин» или «Тест для мужчин»

Духовная пища для ваших чувств — Chakra Harmony

Комплекс из визуальных практик и упражнений тонирования поможет вам привести тело, разум и дух в состояние гармонии, а также:

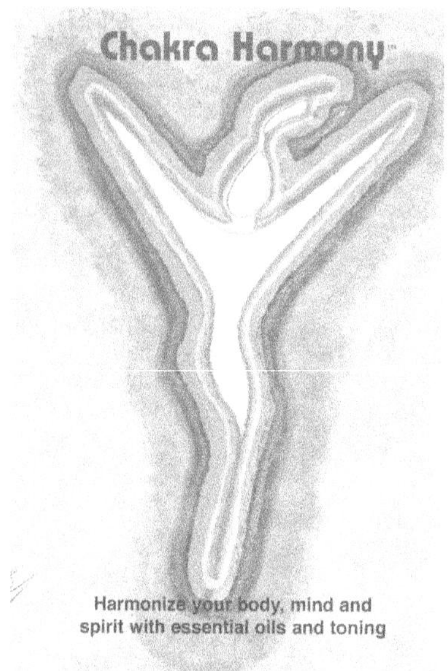

• усилить свое энергетическое поле;

• гармонизировать эмоции;

• снять стресс;

• сконцентрироваться;

• почувствовать себя лучше;

• очистить ауру;

• трансформировать страдания в радость.

Это DVD в доступной форме рассказывает, как сбалансировать жизненные энергии и снять стресс. Вы можете использовать его осознанно, активно, или в качестве успокаивающего фона.

Дорожный набор — чехол из мягкой ткани с двенадцатью бутылочками объёмом 2,3 мл, содержащими 8 эфирных масел для чакр:

Joy	Ylang Ylang
SARA	Cedarwood
Sacred Mountain	Release
White Angelica	Idaho Balsam Fir

Дорожный набор с 4 дополнительными маслами:

Frankincense	Peppermint
Peace & Calming	Purification

Chakra Harmony DVD	**$24,95**
Набор эфирных масел Chakra (8 масел)	**119,95**
с Chakra Harmony DVD	**139,95**
Набор эфирных масел Chakra (12 масел)	**159,95**
с Chakra Harmony DVD	**179,95**

+доставка

Ко всем товарам прилагается краткая инструкция

Также доступен набор
PEACEFUL WARRIOR TRAVEL PACK
$149,95

РУКОВОДСТВО ПО МИРНОМУ РЕШЕНИЮ КОНФЛИКТОВ
Peaceful Warrior Travel Pack содержит 12 эфирных масел:

Peace & Calming	Purification	Peppermint	Frankincense
Valor	Lavender	Lemon	Harmony
Common Sense	Clarity	JuvaFlex	Highest Potential

Доктор хиропрактики Кэролин Л. Мейн   Почтовый адрес: Box 8112, Rancho Santa Fe, CA 92067
Телефон: +1 (858) 756-3704   Факс: +1 (858) 756-6933
Посетите сайт *www.bodytype.com*, если вам нужны дополнительные DVD или информация.